Aikido mit Ki

Über den Autor:

Koretoshi Maruyama wurde am 5. Oktober 1936 in Nihonbashi, Tôkyô, geboren. Nach Abschluß seines Studiums an der Keiô-Gijuku-Universität trat er 1959 in das Familienunternehmen Maruyama Kogyô ein.

Seit seinem 13. Lebensjahr hatte er Jûdô praktiziert, wurde aber im Alter von 21 Jahren Mitglied des Aikidoklubs der Keiô-Gijuku-Universität. Dort traf er auch Meister Kôichi Tôhei und lernte die Grundlagen von Ki und Aikidô, die bald zu seinem Lebensweg wurden. Nach Abschluß des Universitätsstudiums praktizierte er weiterhin Aikidô und übergab im Jahre 1967 das Familienunternehmen seinem jüngeren Bruder, um im Ki-No-Kenkyûkai Ki und Aikidô in Einheit von Geist und Körper zu praktizieren und zu lehren. Auf seinen jährlichen Reisen unterrichtete er seitdem in Hawaii, den USA, Europa und vielen anderen Ländern der Erde Ki und Shin-Shin-Tôitsu-Aikidô.

Heute ist Koretoshi Maruyama geschäftsführender Direktor des Ki-No-Kenkyûkai, Chief Instructor für Shin-Shin-Tôitsu-Dô (Einheit von Geist und Körper), Chief Instructor für Shin-Shin-Tôitsu-Aikidô, stellvertretender Leiter der Kiatsu-Schule, Gastdozent an der Universität von Hawaii und Dozent an der Keiô-Gijuku-Universität.

Koretoshi Maruyama
und Koichi Tohei

Aikido mit Ki

Werner Kristkeitz Verlag

Werner Kristkeitz Verlag, Löbingsgasse 17, D-69121 Heidelberg

Gedruckt in Deutschland

ISBN 3 921508 25 8

Koichi Tohei

Geleitwort

Der Begründer des Aikidô, Morihei Ueshiba, war mein Lehrer. Er wurde im Jahre 1885 geboren und hatte seit seiner Jugendzeit viele verschiedene Kampfkünste praktiziert. Schließlich lernte er bei Meister Sôkaku Takeda die Kampfkunst Daitôryû-jûjitsu. Später trat er dem Omotokyô bei, einer neu entstandenen Shintô-Religion der damaligen Zeit. Er erzählte uns oft, daß er während der Ausübung dieser Religion zur Erleuchtung gelangt war. Ueshiba gründete dann die Kampfkunst Aiki-Budô. Nach dem Zweiten Weltkrieg änderte er den Namen um und nannte sie Aikidô, denn das Wort „Bu" war von vielen Menschen fälschlicherweise mit Krieg oder Invasion in Verbindung gebracht worden.

Aikidô bezeichnet wörtlich den „Weg, mit Ki zu einer Einheit zu gelangen". Ki ist das absolute Universum. Daher heißt Aikidô eigentlich, eins zu werden mit dem Universum. Bevor man aber eins werden kann mit dem Universum, muß man Geist und Körper, die uns vom Universum gegeben worden sind, vereinen. Sind nämlich Geist und Körper getrennt, können wir auch nicht eins werden mit dem Universum.

Meister Ueshiba verwendete zwar Begriffe wie *ki-no-nagare* (Ki-Strom) und *ki-musubi* (Einheit von Ki), aber er begnügte sich in seinen Vorträgen mit Texten aus dem Omotokyô oder verwendete die Namen von Gottheiten. Er hat niemals erklärt, was Ki ist oder wie man Ki begreifen kann. Wohl hat er aber die Funktionsweise von Ki dargestellt anhand der wunderschönen und eindrucksvollen Techniken des Aikidô.

Als er 1969 verstarb, griffen seine Nachfolger zwar immer wieder auf die von ihm entwickelten Aikidô-Techniken zurück, aber sie vergaßen die Prinzipien und Funktionsweisen von Ki, die man eben nicht so ohne weiteres sehen kann. Ich habe von Anfang an ein sogenanntes „Ki-Training" als Übungsprogramm in meinen Unterricht aufgenommen; darunter verstehe ich den Weg, Geist und Körper miteinander zu vereinen, um eins zu werden mit dem Ki des Universums. Ausgehend von dieser Grundlage lehre ich die Aikidô-Techniken. Nun gab es aber viele Lehrer, die das Prinzip von Ki nicht verstanden haben. So gründete ich im Jahre 1975 Shin-Shin-Tôitsu-Aikidô (Aikidô in Einheit von Geist und Körper).

Mit dem vorliegenden Band veröffentlicht mein Nachfolger Koretoshi Maruyama ein Buch über Aikidô auf der Grundlage seiner langjährigen Übung und Erfahrung als Lehrer sowohl in Japan als auch im Ausland.

In vielen Ländern sind heute Gewalt und Widerstand bei Jugendlichen außerhalb und innerhalb der Schulen zum Problem Nummer eins geworden, für das es keine Lösung zu geben scheint. Nun liegt aber das kommende Jahrhundert auf den Schultern der Jugendlichen von heute.

Manche Leute verteten heutzutage bestimmte Philosophien, um damit Macht in der Gesellschaft zu erringen. Doch dies ist nicht weit entfernt von Faschismus. Die Prinzipien des Universums zu lehren, ist hingegen weder gefährlich noch schädlich. Die Vier Grundprinzipien zur Vereinigung von Geist und Körper sind die Prinzipien des Universums, die jeder verstehen und nachvollziehen kann. Daher ist auch Shin-Shin-Tôitsu-Aikidô, das auf diesen Vier Grundprinzipien beruht, ebenfalls ein Prinzip des Universums.

Shin-Shin-Tôitsu-Aikidô zu unterrichten, bedeutet keinesfalls, anderen Menschen eine bestimmte Ideologie oder Philosophie aufzuzwingen, sondern ist ein Weg, über den jeder von uns zum Universum zurückkehren kann. Herr Maruyama hat einen Lehrplan für Aikidô aufgestellt, anhand dessen die Lehrer auch in der Schule ihren Schülern Aikidô unterrichten können. Selbstverständlich ist die Vereinigung von Geist und Körper auch ein Weg, den Geschäftsleute, Künstler, Sportler und viele andere Menschen in ihrem Alltag anwenden können. Er kann auch kranken und unglücklichen Menschen Hilfe und Stütze sein. Mit dem vorliegenden Band wendet sich Herr Maruyama insbesondere an die Jüngeren unter uns. Es wäre mir daher eine große Freude, wenn alle Lehrer, Eltern und Schüler dieses Buch lesen würden.

Kôichi Tôhei

Vorwort

Mein Lehrer, Kôichi Tôhei, ist zu der Erkenntnis gelangt, daß Geist und Körper eins sind. Nach langen, schwierigen und harten Jahren der Übung entwickelte er die Vier Grundprinzipien zur Vereinigung von Geist und Körper, um so anderen Menschen sein Wissen und seine Überzeugung zu übermitteln. Diese Grundprinzipien und deren Anwendung in der Kunst des Shin-Shin-Tôitsu-Aikidô sind Thema des vorliegenden Buches. Aikidô in Einheit von Geist und Körper ist eine Kunst, die uns in die Lage versetzt, andere Menschen zu führen, indem wir die Vier Grundprinzipien anwenden. Meister Kôichi Tôhei hat bereits mehrere Bücher zu diesem Thema geschrieben. Mit dem vorliegenden Band möchte ich nun zeigen, daß Aikidô eine Kunst auf der Grundlage der Einheit von Geist und Körper ist. Ohne diese Grundlage ist es nicht möglich, Aikidô richtig zu lernen.

In der Erziehung der Kinder und Jugendlichen von heute stellen sich viele Probleme. Gewalt in den Schulen nimmt überall erschreckende Ausmaße an. Aikidô kann zur Lösung dieser Probleme beitragen und dadurch die Erziehung verbessern und fördern. Sowohl Lehrer als auch Schüler sollten bedenken, daß man, bevor man andere Menschen führen kann, erst einmal in der Lage sein muß, sich selbst zu kontrollieren. Man sollte stark genug sein, um in jeder Situation Ruhe und Gelassenheit bewahren zu können. Der Autor hofft, daß dieses Buch sowohl Lehrer als auch Jugendliche auf den Weg der Einheit von Geist und Körper führen wird. Auf diese Weise können wir dem Problem der Gewalt in unseren Schulen ein Ende setzen.

Koretoshi Maruyama

Inhalt

Geleitwort 4
Vorwort 7
Teil 1: Die Vereinigung von Geist und Körper 13
Kapitel 1. Der unbewegte Geist 15
Kapitel 2. Die Vier Grundprinzipien zur Vereinigung von Geist und Körper ... 18
Teil 2: Die Techniken des Shin-Shin-Tôitsu-Aikidô 29

Erste Stufe

1. Ude-mawashi-undô 32
2. Ude-furi-undô 34
3. Ude-furi-chôyaku-undô 34
4. Sayû-undô 36
5. Kôhô-tentô-undô 38
6. Zempô-kaiten-undô 42
7. Katate-kôsa-tori Kokyû-nage 43
8. Katate-tori Tenkan-kokyû-nage 50

Die fünf Prinzipien des Shin-Shin-Tôitsu-Aikidô 52

Zweite Stufe

9. Ikkyô-undô 54
10. Zengô-undô 56
11. Happô-undô 59
12. Zenshin-kôshin-undô 62
13. Kokyû-dôsa 64
14. Kata-tori Ikkyô 68
15. Mune-tsuki Kote-gaeshi 74
16. Yokomen-uchi Shihô-nage 84
17. Shômen-uchi Kokyû-nage 92

Dritte Stufe

18. Funekôgi-undô 98
19. Nikyô-undô 99
20. Kote-gaeshi-undô 100
21. Sankyô-undô 101
22. Kata-tori Nikyô 102
23. Kata-tori Sankyô 106
24. Kata-tori Yonkyô 108
25. Yokomen-uchi Kokyû-nage (1) 110
26. Ryôte-tori Kokyû-nage 112

Vierte Stufe

27. Tekubi-kôsa-undô 114
28. Ushiro-tori-undô 117
29. Ushiro-tekubi-tori-zenshin-undô 119
30. Ushiro-tekubi-tori-kôshin-undô 119
31. Ushiro-tekubi-tori Kokyû-nage 122
32. Ushiro-tekubi-tori-kubishime Sankyô-nage 124
33. Ryôte-tori Tenchi-nage 128
34. Ushiro-tori Kokyû-nage 136
35. Katate-tori-ryôte-mochi Kokyû-nage (1) 140

Fünfte Stufe

36. Zagi-handachi Shômen-uchi Kokyû-nage 142
37. Zagi-handachi Mune-tsuki Kote-gaeshi 144
38. Zagi-handachi Yokomen-uchi Kokyû-nage 146
39. Mune-tsuki Kokyû-nage (Zempô-nage) 148
40. Mune-tsuki Kokyû-nage (Sudôri) 150
41. Mune-tsuki Kokyû-nage (Kaiten-nage) 152
42. Katate-tori Ryôte-mochi Kote-gaeshi 154
43. Katate-tori Ryôte-mochi Kokyû-nage (2) 156
44. Yokomen-uchi Kote-gaeshi 158
45. Yokomen-uchi Kokyû-nage (2) 160
46. Shômen-uchi Kote-gaeshi 162
47. Shômen-uchi Ikkyô 164
48. Ushiro-tekubi-tori Kote-gaeshi 168
49. Ushiro-tekubi-tori Ikkyô 170

Sechste Stufe

50. TANTÔ-TORI SHÔMEN-UCHI KOKYÛ-NAGE ... 178
51. TANTÔ-TORI MUNE-TSUKI KOTE-GAESHI ... 180
52. TANTÔ-TORI YOKOMEN-UCHI SHIHÔ-NAGE ... 182
53. TANTÔ-TORI YOKOMEN-UCHI GOKYÔ ... 184
54. TANTÔ-TORI USHIRO-TSUKI KOTE-GAESHI ... 185
55. YONIN-GAKE (Vier-Mann-Angriff) ... 190
Schlußwort ... 191
Anhang: Über das Hakama und die Schuhe ... 195
Glossar ... 205
Übungsmöglichkeiten ... 207

Die Vereinigung von Geist und Körper

Kapitel 1
Der unbewegte Geist

Die Erziehung der Kinder und Jugendlichen ist heutzutage ziemlich problematisch. Jeden Tag hören wir von Gewalttätigkeiten an Schulen und Universitäten und von den vielfältigen Problemen und Schwierigkeiten junger Menschen.

Die Lehrer machen die Eltern dafür verantwortlich, und die Eltern werfen den Lehrern vor, ihren Beruf nicht richtig auszuüben. Jeder schiebt dem anderen die Verantwortung für die Misere zu mit dem Ergebnis, daß die Probleme nicht gelöst werden können.

Der Kern des Problems liegt in der Haltung der Erwachsenen. Auch wenn ein Mensch im Laufe seines Lebens eine negative Entwicklung durchmacht, war er doch bei seiner Geburt ganz und gar unschuldig. Vor kurzem wurde im Fernsehen ein Gespräch mit einigen straffällig gewordenen Jugendlichen gesendet. Der Moderator fragte die Jungen, ob sie auch dann mit Gewalt reagiert hätten, wenn zwischen ihnen und ihren Lehrern ein Vertrauensverhältnis bestanden hätte. Sie antworteten, sie hätten sich mit Sicherheit anders verhalten, wenn die Lehrer für sie Vorbilder wären. Gewalttätigkeit von Seiten der Jugendlichen rührt aus einem Verlust des Glaubens und des Vertrauens in Eltern und Lehrer. Zudem gibt es die vielfältigsten Einflüsse in unserer Gesellschaft, die ihren Anteil zum Problem der Gewalt beitragen. Durch Fernsehen, Kino und Massenmedien werden die jungen Menschen schon von klein auf mit Mord, Totschlag und anderen Gewalttaten konfrontiert. Als ich klein war, gab es bei uns zu Hause noch kein Fernsehen. Wenn wir Filme ansehen wollten, mußten wir ins Kino gehen. Und dazu brauchten wir noch die Erlaubnis der Eltern. Die Eltern konnten auswählen, was für ihre Kinder gut war. Heute steht in fast jedem Haushalt ein Fernsehgerät, und unsere Kinder sehen tagtäglich Sendungen, in denen Sex, Gewalt und amoralisches Verhalten an der Tagesordnung sind.

Wir können nicht erwarten, daß die Politiker unsere Gesellschaft verändern. Nur wenn Eltern, Lehrer und wir alle die heutigen gesellschaftlichen Verhältnisse verstehen, werden wir wissen, was wir tun müssen und lernen, uns richtig zu verhalten und entsprechend zu handeln. Wir sind alle von unserer Mutter geboren worden — nur glauben die meisten von uns, sie seien einzig und allein aufgrund der sexuellen Vereinigung der Eltern entstanden. Hier ist ein tieferes Verständnis für die Zusammenhänge notwendig. Viele, die Kinder haben wollen, können keine bekommen. Und auf der anderen Seite gibt es viele ungewollte Kinder, deren Empfängnis von den Eltern nicht geplant war. Kein Kind wird aus eigenem Willen geboren. Das Überleben der Menschen auf dieser Erde ist durch die Liebe zwischen Mann und Frau gewährleistet. Auch Tiere handeln nicht der Erhaltung ihrer Art zuwider. Unsere Kinder werden durch den Willen des Universums geboren. Die Mutter trägt das Kind neun Monate in ihrem Leib, und beide Eltern bemühen sich normalerweise nach besten Kräften, das Kind nach der Geburt großzuziehen. Eigentlich wäre es ganz selbstverständlich, unseren Eltern dafür dankbar zu sein. Auf der anderen Seite betrachten viele Eltern ihre Kinder fälschlicherweise als ihren Besitz. Sie versuchen, die Kinder ihren eigenen Wünschen entsprechend zu formen. Zwar befinden sich die Kinder für eine gewisse Zeit in der elterlichen Obhut und Verantwortung, aber dennoch dürfen sie von den Eltern nicht als Besitz betrachtet und als solcher behandelt werden. Eltern haben kein Recht, ihre Kinder zu dem zu zwingen, was nur sie, die Eltern, wollen. Wenn man mit etwas oder jemandem betraut wird, ist es notwendig und wichtig, sich in adäquater Weise darum zu kümmern und Verantwortung zu übernehmen. Wenn Eltern ein Baby bekommen oder ein anderes Kind in Pflege nehmen, haben sie die Pflicht, das Kind sorgsam und engagiert zu erziehen. Eltern sollten sich diese verantwortungsvolle Aufgabe ständig bewußt machen und beispielsweise von Anfang an mit dem Kind sprechen. Auch wenn ein kleines Kind die Worte nicht verstehen kann, wird es doch die darin enthaltene Zuneigung spüren. Wir kommunizieren ja nicht nur mit Worten. Auch Tiere spüren die Zuneigung, die ihnen ein Mensch entgegenbringt. Auf die gleiche Weise kann ein kleines Kind seine Eltern ohne weiteres verstehen. Wenn Eltern in einer positiven Weise mit ihren Kindern umgehen und sprechen, können diese sich nie negativ entwickeln. Bemerkungen wie beispielsweise „Du bist ein lieber Junge“ geht als positive Botschaft in das Unbewußte des Kindes mit ein. Würden die Eltern aber nur einen Augenblick lang denken „Du bist ein schlechtes Kind“, wird auch diese negative Botschaft ins Unbewußte des Kindes aufgenommen, und das Kind wird sich mit Sicherheit dementsprechend entwickeln.

Fertignahrung ist in vielen Familien sehr beliebt geworden, und viele Eltern servieren ihren Kindern nur noch Fertiggerichte. Aber auch die Nahrung und deren Zubereitung wird von unserer Haltung beeinflußt. Auch wenn Eltern erschöpft und müde sind, sollten sie auf die Qualität und Zubereitung dessen achten, was die Kinder zu sich nehmen. Auf diese Weise kommt den Kindern sowohl die Nahrung als auch die damit verbundene Zuneigung zugute. Ich traf vor kurzem eine Lehrerin, die mir folgende Geschichte erzählte. Die Mutter eines ihrer Schüler kam eines Tages zu ihr in die Sprechstunde. In dem Gespräch erwähnte die Lehrerin, daß sie, bevor sie in die Schule ginge, täglich für ihren Mann, die Kinder und die Mutter das Frühstück zubereiten würde. Die erstaunte Reaktion dieser Mutter war: „Ach, sind Sie aber altmodisch! Ich kaufe unser Frühstück im Supermarkt um die Ecke. Der macht schon um sieben Uhr morgens auf. Ich koche kaum noch etwas zu Hause.“ Sie schien auch sehr stolz auf ihre schön lackierten Fingernägel zu sein. Die Lehrerin wurde sehr traurig nach diesem Gespräch, denn die Zukunft des betroffenen Schülers erschien ihr nicht allzu rosig.

Viele Eltern kümmern sich heute nicht mehr gerne selbst um die Erziehung ihrer Kinder. Sie machen es sich gerne bequem und wollen keine Schwierigkeiten haben. Viele Kinder wenden sich dann den Lehrern in der Schule zu, um von ihnen die Zuneigung zu bekommen, die sie zu Hause vermissen. Allerdings kann man leider vielen Lehrern ebensowenig vertrauen. Und so kommt es, daß sich so viele deprimierte und vernachlässigte Kinder und Jugendliche zusammentun, um sich an der Gesellschaft zu rächen, die sie abgelehnt hat. Leider versuchen nur sehr wenige Lehrer, die Dinge aus der Sicht der Kinder zu begreifen und ihnen zu helfen, ihre Probleme zu lösen. Viele Lehrer widmen ihre Aufmerksamkeit nur den intelligenten oder kooperativen Schülern und schenken denen, die sie für schlecht oder dumm halten, keinerlei Beachtung.

Einige dieser sogenannten schlechten Schüler einer Realschule wurden kürzlich im Fernsehen interviewt. Zuvor war einer der Jungen beim Rauchen auf dem Schulgelände erwischt worden. Der betreffende Lehrer sah den Schüler nur kurz an, sagte aber nichts und lief weiter. Ein paar Minuten später kehrte er mit einigen anderen Lehrern zurück und fing an, den Jungen zu beschimpfen. Der Junge war zutiefst verletzt, weil der Lehrer, anstatt ihn an Ort und Stelle zu schelten, andere Lehrer zur Verstärkung mitbrachte, die dann alle geschlossen auf ihn losgingen. Der Junge reagierte aufgrund des feigen Verhaltens des Lehrers mit körperlicher Gewalt. Solange der Lehrer Angst hat, von dem Jungen geschlagen zu werden, kann er ihn nicht erziehen. Er hätte den Jungen sofort ausschimpfen sollen, auch auf die Gefahr hin, geschlagen zu werden. Der Junge wiederum wird den Lehrer nicht verprügeln, wenn er ihn achtet und respektiert. In dem vorliegenden Fall reagierte er mit körperlicher Gewalt, weil er den Lehrer wegen seines feigen Verhaltens verachtete.

Viele Eltern und Lehrer bringen nicht die notwendige Energie auf, ihre Kinder und Schüler richtig zu erziehen. Sie beklagen sich: „Lehrer sind Berufstätige, die für Geld arbeiten, wie alle anderen auch, und wir verdienen viel zu wenig." Meist sind solche Lehrer gar nicht in der Lage, an der Schule zu arbeiten und Kinder zu erziehen. Selbstverständlich braucht jeder Lehrer ausreichend Geld, um leben zu können. Aber besser wäre es, so zu argumentieren: „Wir erziehen ja schließlich die Kinder, die unser Land und unsere Gesellschaft in die Zukunft führen werden. Deshalb sollten wir Lehrer ein entsprechend angemessenes Gehalt bekommen."

Im alten Japan lobte man andere mit den Worten: „Er hat einen guten Bauch." Wollte man dagegen Schlechtes über jemanden sagen, hieß es: „Sein Bauch ist schwarz" oder „Er hat einen kleinen Bauch." Heutzutage lobt man andere eher mit den Worten: „Er ist ein cleverer Bursche" oder „Sie ist intelligent." Kritik äußern wir oft mit einer Bemerkung wie: „Er ist dumm." Wenn wir jedoch andere Menschen nach dem Grad ihrer Intelligenz beurteilen, werden wir selbst geistig klein.

Der Autor hofft, daß der Leser mehr als nur Aikidô-Techniken aus diesem Buch lernen wird. Was ist wahre Ruhe? Wie gelangen wir zu einem ruhigen, unbewegten Geist? Ich will in diesem Buch erklären, wie man durch die Kunst des Aikidô hierhin gelangen kann.

Lehrer tragen die Verantwortung für die Erziehung unserer Kinder, und die jungen Menschen tragen die Verantwortung für die Zukunft unserer Welt. Ich hoffe, daß sowohl Lehrer als auch Schüler dieses Buch lesen und die Techniken üben werden. Denn was man mit dem Körper gelernt hat, vergißt man nicht so leicht. Durch Aikidô können wir lernen, jeder Situation mit einer positiven Haltung zu begegnen.

Kapitel 2
Die Vier Grundprinzipien der Vereinigung von Geist und Körper

Schon seit jeher wird die Vereinigung von Geist und Körper als etwas äußerst Schwieriges angesehen. Viele Menschen sind in die Berge gegangen und haben dort Zazen geübt, unter eiskalten Wasserfällen meditiert oder andere Techniken geübt. Und es gab auch schon viele Menschen, deren Lehre die Einheit von Geist und Körper war, aber meist war es so, daß diejenigen, die geistig lehrten, den Körper vergaßen, und diejenigen, die körperlich lehrten, vergaßen den Geist. Deshalb ist eine Vereinigung von Geist und Körper für uns so schwierig geworden.

Der Geist hat seine Gesetze und Regeln, und der Körper hat seine eigenen, unterschiedlichen Prinzipien. Diese Prinzipien zu verstehen bedeutet, sein Leben in Einheit von Geist und Körper leben zu können. Meister Kôichi Tôhei hat die nun folgenden vier Grundprinzipien zur Vereinigung von Geist und Körper aufgestellt.

(1) Den Einen Punkt halten
(2) Sich vollkommen entspannen
(3) Das Gewicht unten halten
(4) Ki fließen lassen

Nummer eins und vier bezieht sich auf den Geist, Nummer zwei und drei auf den Körper. Alle vier Grundprinzipien sind nur unterschiedliche Betrachtungsweisen und Beschreibungen ein und desselben Zustandes, nämlich der Einheit von Geist und Körper. Beachtet man also eines dieser Prinzipien, so befolgt man die anderen drei automatisch auch. Läßt man aber eines außer acht, dann mißachtet man damit auch die anderen drei. Lassen Sie mich zunächst einmal das vierte Grundprinzip erklären, nämlich „Ki fließen lassen".

Ki fließen lassen

A stellt seinen rechten Fuß einen Schritt nach vorn und streckt seinen rechten Arm gerade aus. Dann spannt er den Arm an, sodaß B den Arm nicht beugen kann. Dieser hält mit seiner rechten Hand das rechte Handgelenk seines Partners von unten fest, legt seine linke Hand auf den oberen Teil des Unterarms und versucht nun, den Arm in Richtung der Schulter zu beugen. Wenn er stark genug ist, kann er den Arm ohne Schwierigkeiten beugen.

Als nächstes entspannt A seinen Arm und stellt sich vor, dieser Arm sei ein Feuer-

1

2

wehrschlauch, durch den Wasser über die Fingerspitzen hinaus weit nach vorn fließt. Bei dieser Vorstellung fließt seine geistige Energie aus den Fingerspitzen hinaus nach vorn. B wird diesmal nicht in der Lage sein, den Arm zu beugen (Abb. 1 und 2).

Diese Übung nennen wir den „unbeugbaren Arm“, und das Bild, mit dem wir die geistige Energie nach außen strömen lassen, nennen wir „Ki fließen lassen“.

Das Licht besteht aus Lichtwellen und der Schall aus Schallwellen. Ebenso besitzt unser Geist geistige Wellen, die man allerdings mit bloßem Auge nicht sehen kann. Solange A sich vorstellt und glaubt, daß seine geistige Energie unendlich weit aus seinen Fingerspitzen hinausströmt, so strömt diese Energie auch tatsächlich nach außen. Das vergessen wir normalerweise, weil wir es mit unseren Augen nicht wahrnehmen können.

Der Geist lenkt den Körper. Ein einziger Gedanke kann ungeheure Kraft erzeugen. Wenn wir das verstanden haben, können wir auch die Grundlage des Übens verändern und negative Gedanken in positive verwandeln.

Als nächstes stellt B sich seitlich von A hin, und A läuft an ihm vorbei. Wenn A beim Laufen an etwas denkt, das hinter ihm liegt, wird B ihn mühelos zu Fall bringen können, indem er, sobald A an ihm vorbeigeht, seinen Arm vor den Hals des Partners legt. Danach läuft A ein zweites Mal an B vorbei, richtet jetzt aber sein Denken nach vorn. B versucht nun wie zuvor, A zu Fall zu bringen. Solange dieser aber an etwas denkt, was vor ihm liegt, wird B von A mitgezogen werden (Abb. 3).

Wenn wir uns auf etwas freuen oder gerne irgendwohin gehen, werden wir nicht so schnell müde, denn unser Geist ist ebenfalls nach vorn gerichtet. Geht man aber an einen Ort, den man nicht mag, so wird man sich ziemlich rasch müde und erschöpft fühlen. Es gibt einen großen Unterschied zwischen der Einheit von Geist und Körper und der Trennung von Geist und Körper. Wenn man etwas sehr gerne tut, so wird man feststellen, daß man große Fortschritte macht, ohne zu ermüden. Deshalb sollten wir, wenn wir eine Aufgabe vor uns haben, Ki fließen lassen. Ki fließen lassen bedeutet, einen positiven Geist und eine positive Haltung zu haben.

3

5

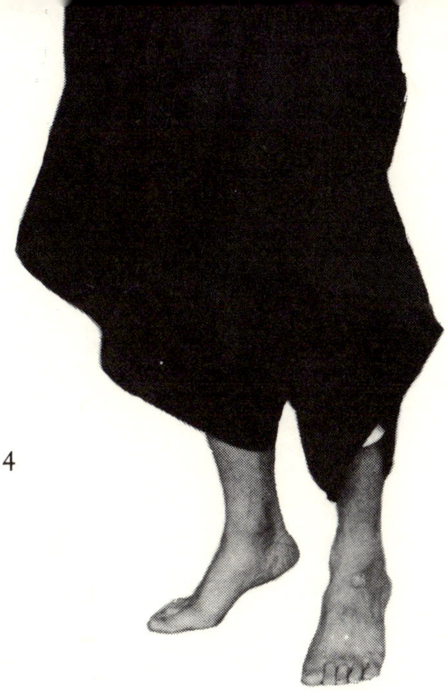

4

Den Einen Punkt halten

Das Prinzip „Ki fließen lassen" wird häufig mißverstanden. Es ist ein Fehler, einen Teil des Körpers anzuspannen, um sich stark zu fühlen. Wenn man Ki fließen läßt, sind Augen und Gesichtsausdruck weich und ruhig, und der ganze Körper ist entspannt.

A stellt sich hin und spannt irgendeine Stelle seines Körpers an, beispielsweise seinen Unterbauch. Die meisten halten das für eine sehr starke Haltung. Dann drückt B ein wenig gegen die linke Schulter seines Partners, der sehr schnell sein Gleichgewicht verlieren wird.

Nun stellt A sich ganz bequem auf seine Zehen (Abb 4). So spürt er sein ganzes Gewicht auf seinen großen Zehen, und das Gewicht seines Oberkörpers ruht in einem Punkt etwa 10 cm unterhalb des Bauchnabels. Dabei sollte er sich im Unterbauch nicht anspannen. Dieser Eine Punkt liegt allemal tiefer als der Bereich, in dem er sich anspannen kann; es gibt nämlich einen Punkt, in den er keine Kraft und keine Anspannung hineingeben kann, selbst wenn er es wollte. Das ist der Eine Punkt.

A bleibt in diesem Zustand und senkt die Fersen wieder ganz langsam und ruhig auf den Boden, ohne jedoch dabei sein Körpergewicht nach hinten zu verlagern. Das Gewicht des Oberkörpers sollte sich immer im Einen Punkt befinden. A kann sich dabei auch vorstellen, daß der Eine Punkt in seinem Unterbauch das Zentrum des Universums ist (Abb. 5). Auf diese Weise wird A ganz unbeweglich sein, auch wenn B von hinten oder von vorn drückt. Der Eine Punkt im Unterbauch ist der Sitz des unbewegten Geistes.

Betrachten Sie den Einen Punkt als das Zentrum des Universums, das in alle Richtungen unendlich ist. A stellt sich vor, daß er zum Zentrum des Universums wird. Selbst wenn er einen Schritt nach rechts oder links geht, ist das Universum dennoch weiterhin in alle Richtungen unendlich, denn A ist immer noch das Zentrum dieses Universums. Wenn wir das verstanden haben, können wir großherzig und immer positiv sein. Das ist wahre Ruhe.

A stellt den linken Fuß einen Schritt nach vorn. B drückt ganz stark gegen A's linke Schulter (Abb. 6). Wenn A seinen Körper anspannt, wird er sofort sein Gleichgewicht verlieren. Als nächstes hält er den Einen Punkt und entspannt sich vollkommen. Wenn B jetzt genauso stark drückt wie zuvor, wird A sich natürlicherweise nach links drehen, und B kommt aus dem Gleichgewicht (Abb. 7). Wenn man die Achse in Zeichnung 1 fest läßt und die Scheibe sich in der Richtung der angesetzten Kraft dreht, wird die Achse ganz ruhig bleiben. Ganz ähnlich kann man sich, wenn man den Einen Punkt hält, unabhängig und mühelos bewegen, ohne dabei den Einen Punkt zu stören, selbst wenn man angegriffen wird.

1

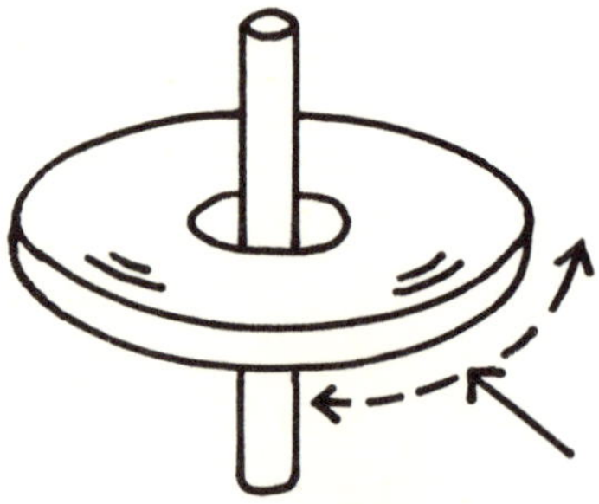

6

7

Den Einen Punkt zu halten bedeutet nicht, daß man immer ganz unbeweglich ist. Wenn man beim Test ganz sanft gedrückt wird, ist man automatisch sehr stabil und ruhig. Drückt der Partner aber sehr stark, kann man sich zwar ein wenig bewegen, hält aber dennoch den Einen Punkt. Das ist ein Beispiel für das Prinzip des Nicht-Streitens im Shin-Shin-Tôitsu-Aikidô. Wenn A nicht mit B's Kraft in Kollision gerät, kehrt diese Kraft zu B zurück, und B muß selbst damit zurechtkommen. Meist wird B als Folge davon sein Gleichgewicht verlieren und zu Boden fallen. Der beste Weg ist Erfolg ohne Kampf. Und die beste Art und Weise, Erfolg zu haben, besteht darin, den Geist des Gegners zu führen, ohne in Kollision mit ihm zu geraten. Im Shin-Shin-Tôitsu-Aikidô übt man, den Geist des Gegners zu führen.

A sitzt auf den Fersen. B drückt mit der rechten Hand gegen den Brustkorb seines Partners. Wenn dieser den Einen Punkt nicht hält, fällt er ziemlich leicht nach hinten.

8

9

A geht nun mit der Hüfte nach oben und entspannt seinen Körper, indem er beide Arme hin und her schwingt (Abb. 8). Dann setzt er sich wieder ganz sachte hin und entspannt sich erneut mit der gleichen Bewegung der Arme (Abb. 9). Nun drückt B wieder mit seiner rechten Hand gegen den Brustkorb seines Partners. Dieses Mal wird A sich nicht bewegen. B kann A auch dadurch testen, daß er versucht, seine Hände oder Knie hochzuheben. Solange A den Einen Punkt hält und sich entspannt, bewegt er sich bei diesem Test nicht. In dieser Haltung befindet sich das Gewicht seines Körpers ganz natürlich an seinem tiefsten Punkt (Abb. 10 und 11).

10

11

Bisher habe ich erklärt, wie man sich im Stehen oder im Sitzen in echter Weise entspannen kann. Dies führt zur Vereinigung von Geist und Körper. Spannt man aber entweder Geist oder Körper an, so ist die Einheit von Geist und Körper zerstört.

Die Erde dreht sich um die Sonne. Ohne Erdanziehungskraft, das heißt ohne Zentripetalkraft, gäbe es kein Leben auf der Erde. Alles Leben auf der Erde existiert durch das harmonische Zusammenwirken von Zentrifugal- und Zentripetalkraft. Deshalb besteht auch unsere natürlichste Haltung darin, den Einen Punkt zu halten und sich vollkommen zu entspannen. Versucht man dabei, mit dem Körper unterstützend nach unten zu gehen, so stört man die Harmonie zwischen Zentrifugal- und Zentripetalkraft. Sind nämlich Geist und Körper in Einheit, so befindet sich das Gewicht des Körpers automatisch in seinem tiefsten Punkt. Ruhe ist Kraft. Ruhe bedeutet, daß sich das Gewicht eines jeden Körperteils an seinem tiefsten Punkt befindet. Das heißt aber nicht, daß man seinen Körper nach unten drücken soll.

Als nächstes wollen wir üben, wie man auch in der Bewegung den Einen Punkt halten kann. A steht aus der Sitzposition wieder auf. B drückt gegen seine Schulter, sobald er in der instabilsten Haltung ist. Wenn A dabei den Einen Punkt verliert, wird er zu Boden fallen. B kann A auch testen, während er sich hinsetzt (Abb. 12). Wenn A aufsteht oder sich hinsetzt und dabei den Einen Punkt hält, wird er beim Test sein Gleichgewicht nicht verlieren. Viele wissen zwar, wie man im Stehen oder Sitzen den Einen Punkt hält, aber in der Bewegung verlieren die meisten ihn wieder. Wenn man im Fahrstuhl nach unten fährt, hat man das Gefühl, der Geist bewege sich nach oben, weil der Körper nach unten geht. Dasselbe passiert, wenn man sich hinsetzt. Richtig ist es, wenn der Eine Punkt sich nach oben oder nach unten bewegt und der Körper ganz natürlich folgt. Jede Bewegung soll vom Einen Punkt ausgehen. Geht man vorwärts, dann geht erst der Eine Punkt vorwärts, und der Körper folgt nach. Auf diese Weise befinden sich Geist und Körper immer in Einheit. Dies sollten wir so oft wie möglich im Alltag üben.

12

Im folgenden wollen wir noch weitere Betrachtungen anstellen, um den Einen Punkt zu verstehen. Der Eine Punkt im Unterbauch ist das Zentrum des Universums. Wir sind aber nicht das einzige Zentrum des Universums. Alles ist das Zentrum des Universums. Das Universum ist ein endloser Raum mit unendlichem Radius. Ein begrenzter Kreis hat nur einen einzigen Mittelpunkt, dagegen kann ein unendlicher Kreis unendlich viele Mittelpunkte haben.

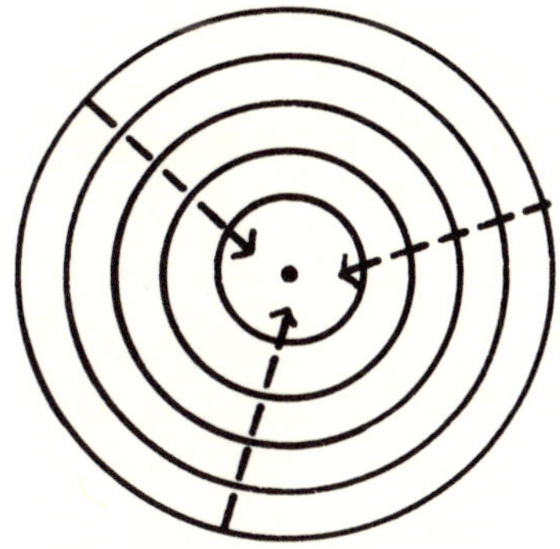

2

Dieser unendliche Kreis wird, wenn man ihn verdichtet, zu uns selbst, und weiter verdichtet wird er zum Einen Punkt im Unterbauch (Zeichnung 2). Dieser Eine Punkt ist nicht tatsächlich greifbar, sondern wird einfach nur unendlich klein und immer kleiner. Auch wenn der Eine Punkt so klein ist, daß man ihn nicht mehr spüren kann, sollte man die Bewegung des Kleinerwerdens nicht anhalten. Man sollte ihn einfach in der Bewegung lassen. Ki ist die unendliche Menge unendlich kleiner Teile. Diese unendlich kleine Bewegung ist Ruhe an sich und gleichzeitig die eigentliche Bedeutung des Einen Punkts im Unterbauch.

Wenn der Eine Punkt so klein geworden ist, daß man ihn nicht mehr spürt und man diese Bewegung des Unendlich-kleiner-Werdens stoppt, so gerät man in den Zustand toter Ruhe. Lebendige Ruhe ist der Zustand, in dem man am stärksten ist und in dem unendliche Bewegung enthalten ist. Tote Ruhe dagegen ist ein ganz schwacher Zustand ohne jegliche Bewegung. Beide Zustände ähneln sich zwar äußerlich, sind aber im Grunde völlig verschieden. Nähere Erläuterungen dazu finden Sie in dem Buch „Ki im täglichen Leben“ von Meister Kôichi Tôhei.

Es ist sinnvoll und erstrebenswert, sich täglich mindestens zehn Minuten lang ganz ruhig hinzusetzen und den Einen Punkt zu halten. Täglich zehn Minuten in Ruhe zu sitzen bewirkt, daß man bei seiner Arbeit oder beim Lernen Ki fließen lassen kann. Wenn man ausgeht, sollte man Ki nach vorn fließen lassen, so daß Geist und Körper in Einheit sind. Nimmt man eine Mahlzeit zu sich, so sollte man den Einen Punkt halten und essen. Auf diese Weise richtet sich das Ki auf die Nahrung, das Essen schmeckt besser, und man kann besser verdauen. Wenn der Geist woanders ist, schmeckt das Essen nicht so gut und wird auch nicht sonderlich nahrhaft sein. Lassen wir unseren Geist abschweifen, dann sehen, hören und schmecken wir nichts mehr. Richten wir dagegen unseren Geist auf das, was wir zu uns nehmen, dann behält die Nahrung ihren eigenen Geschmack und kann vom Körper viel besser verwertet werden.

13

14

Sich vollkommen entspannen

Sehr viele Krankheiten werden durch Nervosität und Streß verursacht. Im Verlaufe der raschen Weiterentwicklung unserer Gesellschaft besteht die Gefahr, daß wir immer neurotischer werden und uns völlig überfordern durch verwirrende zwischenmenschliche Beziehungen und Hektik in der Geschäfts- und Arbeitswelt. Dieser Streß führt häufig zu Magengeschwüren und Herzinfarkten. Der behandelnde Arzt wird dem Patienten raten, Entspannung zu suchen. Nur gibt es ebenso viele Ärzte, die selbst Probleme mit Magen und Kreislauf haben. In der heutigen Zeit ist es sehr schwierig geworden, sich zu entspannen. Wenn man aber den Einen Punkt im Unterbauch halten kann, ist es ziemlich einfach, den ganzen Körper zu entspannen.

A hält den Einen Punkt und schüttelt seine Hände so schnell wie möglich (Abb. 13). Es ist ganz wichtig, daß dieses Schütteln sich auf den ganzen Körper überträgt. Zentrum der Bewegung ist dabei der Eine Punkt. So werden alle Anspannungen im Körper aufgelöst. Sobald A seine Hände anspannt oder versucht, diese Übung mit Kraft zu machen, kann er seine Hände nicht schnell genug schütteln. Jedoch nur wenn man die Hände ganz schnell schüttelt, kann man sich vollkommen entspannen. Viele glauben, Anspannung beinhalte zwar langsame, aber starke Bewegungen, und Entspannung sei zwar schnell, dafür aber ein schwacher Zustand. Diese Vorstellung ist falsch. Man wird schwach, nicht weil man sich entspannt, sondern weil man sein Ki anhält. In der richtigen Entspannung jedoch sind wir am stärksten. Lassen Sie mich dies an ein paar Beispielen erläutern.

A stellt sich ganz entspannt hin. B versucht, sein Handgelenk in Richtung seiner Schulter nach oben zu drücken. A steht jetzt möglicherweise ganz instabil, selbst wenn

15

er versucht, sein Gleichgewicht zu halten. Als nächstes hält er den Einen Punkt und schüttelt seine Hände zwanzig oder dreißig Sekunden lang wie oben beschrieben. Dieses Mal wird A sich nicht rühren, selbst wenn B versucht, sein Handgelenk mit viel Kraft nach oben zu drücken (Abb. 14). Durch dieses sehr schnelle Ausschütteln der Hände kann man sich vollkommen entspannen. Und wenn man sich vollkommen entspannt, befindet sich der Geist völlig ruhig im Einen Punkt im Unterbauch. In diesem Zustand ist man am stärksten.

A stellt sich hin und spannt seinen Körper an. B versucht nun, A unter den Armen hochzuheben. Wenn er stark genug ist, kann er ihn ohne Schwierigkeiten hochheben. Als nächstes schüttelt A seine Hände und damit seinen ganzen Körper zwanzig oder dreißig Sekunden lang. Und dieses Mal wird es B nicht gelingen, A hochzuheben (Abb. 15).

A schüttelt seine Hände und schwingt dann einen Arm nach oben. Der Arm ist jetzt automatisch unbeugbar. Das bedeutet, wenn man sich vollkommen entspannt, läßt man natürlicherweise auch Ki fließen, ohne darüber nachzudenken oder es sich bewußt zu machen.

Ein Vertreter beispielsweise könnte diese Entspannungsübung machen, bevor er seine Kunden aufsucht, denn vor wichtigen Gesprächen ist man häufig sehr angespannt. Auch Schüler oder Studenten können sich mit Hilfe dieser Übung insbesondere vor Prüfungen entspannen. Auf diese Weise sind sie in der Lage, auch während einer Prüfung ganz ruhig zu bleiben.

16

Das Gewicht unten halten

Das Gewicht eines jeden Gegenstandes befindet sich an seinem tiefsten Punkt. Betrachtet man den menschlichen Körper ebenfalls als einen Gegenstand, so befindet sich entsprechend das Gewicht eines jeden Körperteils an seinem tiefsten Punkt. Das ist wahre Ruhe. In der Entspannung ist man ganz ruhig. Und wenn man den Einen Punkt hält, kann man sich entspannen. In der Entspannung befindet sich das Gewicht des Körpers unten. So sieht man auch hier: die Vier Grundprinzipien sind einfach nur unterschiedliche Beschreibungen ein und desselben Zustandes.

A streckt nun den rechten Arm gerade aus, und B drückt den Oberarm nach oben. Wenn A dabei seinen Arm anspannt oder sich auf die Oberseite des Armes konzentriert, wird B keine Mühe haben, den Arm nach oben zu drücken. Als nächstes entspannt er seinen Arm und konzentriert sich auf dessen Unterseite. Nun wird B große Schwierigkeiten haben, ihn hochzuheben (Abb 16).

Shin-Shin-Tôitsu-Aikidô besteht nicht nur in der Übung und Ausführung von Techniken. Gute Technik allein zeichnet noch keinen Menschen aus. Durch beständige Übung der Grundprinzipien der Einheit von Geist und Körper kann man seine Persönlichkeit schulen, sich weiterentwickeln und eins werden mit dem Universum. Das ist die eigentliche Bedeutung von Stärke.

Die Techniken des Shin-Shin-Tôitsu-Aikidô

links: Koichi Tohei beim Unterrichten der Prinzipien des Schwerts (1)

氣

Erste Stufe

17

18

1. Ude-mawashi-undô

A stellt sich bequem hin und hält den Einen Punkt. Dann hebt er seinen linken Arm hoch (Abb. 17) und läßt ihn ganz natürlich nach unten fallen. Dabei stellt er sich vor, das Gewicht seines Armes sei an dessen Unterseite (Abb. 18). Solange er den Arm entspannt, ist auch der Ellenbogen ganz leicht gebeugt. Nun bewegt sich der linke Arm als Folge dieses Schwingens wieder hoch über den Kopf. In dieser Phase muß auch sein Ki nach oben fließen (Abb. 19). A setzt auf diese Weise das Schwingen des Armes fort, jeweils vier Mal rechts und links und wiederholt diese Übung insgesamt zwei Mal.

Jede Bewegung im Universum, die Bewegung der Sonne, des Mondes, des Wassers, des Windes usw. folgen einem bestimmten Rhythmus. Ohne diesen Rhythmus wäre alles wirkungslos und ohne Kraft. Dasselbe gilt für das Schwingen der Arme. Das Gewicht des Armes befindet sich an dessen Unterseite, das bedeutet, wenn der Arm nach unten fällt, erhöht sich die Geschwindigkeit. Die Aufwärtsbewegung geschieht dagegen langsamer. Viele Menschen jedoch spannen den Arm an, wenn er nach oben schwingt. In diesem Fall verliert er während der Abwärtsbewegung an Kraft, weshalb sie dann versuchen, den Arm wiederum mit Kraft und Anspannung nach unten zu führen, was aber Verletzungen an Schulter und Ellenbogen nach sich ziehen kann.

Die Abwärtsbewegung des Armes geschieht schneller als die Aufwärtsbewegung, deshalb geht auch der Arm von ganz alleine wieder hoch und fällt anschließend wieder mit Schwung nach unten. Dieser Rhythmus ist vergleichbar mit einem Pendel. Im Sport kann man mit diesem Rhythmus jeden Bewegungsablauf sehr schwungvoll und kräftig ausführen.

A hat den Arm nun wieder unten, und B hält sein Handgelenk fest und zieht es in Richtung Boden. Solange A den Einen Punkt hält und den Arm entspannt, wird er sehr stabil sein. Dann drückt B das Handgelenk nach oben in Richtung der Schulter. In diesem Fall wird A ebenfalls ganz stabil sein (Abb. 20). Schwingt A jedoch seinen Arm gewaltsam oder mit Anspannung nach unten, wird B keine Mühe haben, ihn bei diesem Test zu bewegen.

Als nächstes schwingt A beide Arme vier Mal nach vorn und anschließend vier Mal nach hinten. Auch dies wird zwei Mal wiederholt. Anschließend macht er dasselbe noch einmal, bewegt dabei aber, während die Arme nach unten schwingen, die Hüfte ein klein wenig nach unten. Diese Bewegung wird in allen Techniken des Shin-Shin-Tôitsu-Aikidô verwendet. Sie ist entspannend und gesund für den ganzen Körper. Man sollte sie deshalb häufig üben.

19

20

21

22

23

2. Ude-furi-undô

A stellt sich bequem hin und hält den Einen Punkt. Auf das Zeichen „Eins“ schwingt er beide Arme nach links (Abb. 21). Die Handkante der rechten Hand und die Seite des Arms zeigen nach vorn. Bei „Zwei“ schwingt er seine Arme nach rechts. Er wiederholt diese Bewegungen mehrmals in diesem Rhythmus. Auch wenn er sehr kraftvolle Bewegungen macht, muß er immer den Einen Punkt halten. Solange er dies tut, bewegen sich auch die Schultern nicht nach oben (Abb. 22). B drückt nun die Schulter in die Richtung, in die A seine Arme schwingt. A wird, solange er den Einen Punkt hält, sehr stabil sein (Abb. 23).

3. Ude-furi-chôyaku-undô

A schwingt seine Arme nach rechts und geht mit dem linken Fuß einen Schritt vor (Abb. 24). Dann schwingt er auf das Zeichen „Eins“ seinen linken Arm nach vorn (Abb. 25), wobei er mit dem rechten Fuß einen Schritt vorgeht (Abb. 26). Dann schwingt er seine Arme weiter nach links und dreht auf dem Ballen des rechten Fußes. Jetzt setzt er den linken Fuß einen Schritt zurück und zieht den rechten Fuß an den linken heran. Dadurch schaut er nun in die entgegengesetzte Richtung (Abb. 27). Bei „Zwei“ kehrt er diesen Bewegungsablauf um. Er schwingt nun seinen rechten Arm nach vorn und geht dabei mit dem linken Fuß einen Schritt vor. Dann schwingt er beide Arme weiter nach rechts und dreht auf dem Ballen seines linken Fußes, geht mit

26

25

24

dem rechten Fuß einen Schritt zurück und führt den linken Fuß an den rechten heran. Nun sollte er wieder in der Ausgangsposition stehen.

Wenn A beide Arme nach links schwingt und in dieser Position anhält, sollten Gesicht und rechte Schulter in dieselbe Richtung weisen. Solange er in die Richtung seines Gesichts und seiner Schulter Ki fließen läßt, wird er unbeweglich sein, auch wenn B versucht, seine rechte Schulter nach hinten zu drücken (Abb. 28). A wiederholt diesen Bewegungsablauf mehrmals in diesem Rhythmus. Er kann seine Arme sehr kraftvoll schwingen, solange er entspannt bleibt und darauf achtet, im Zentrum seines Körpers stabil zu bleiben.

28

27

29

30

31

4. Sayû-undô

A schaut geradeaus und stellt sich bequem hin — die Füße sind etwa eine Schulterbreite auseinander. Auf das Zeichen „Eins" schwingt er beide Arme nach links. Gesicht und Oberkörper sollten weiterhin geradeaus gerichtet sein, beide Handinnenflächen zeigen nach oben, und die linke Hand befindet sich etwa in der Höhe der Schulter oder ein kleines Stück höher. Die rechte Hand bleibt vor dem Oberkörper (Abb. 29). Nun läßt er den Oberkörper nach vorn gerichtet und bewegt die Hüften ein wenig nach unten, indem er sein linkes Knie leicht beugt. Auf das Zeichen „Zwei" bewegt sich also der ganze Körper ein wenig nach links unten. Dabei ist das rechte Bein bequem gestreckt (Abb. 30).

In der in Abb. 30 gezeigten Haltung sollte A sich nicht bewegen, falls seine rechte Schulter nach links gedrückt wird. Er ist unbeweglich, solange er den Einen Punkt hält, beide Arme vollkommen entspannt und den Oberkörper aufrecht hält. Die Arme sollten sich nicht nach oben bewegen, auch wenn B versucht, sie von unten hochzuheben. Im angespannten Zustand lassen sie sich ganz einfach hochdrücken, aber wenn A sich entspannt und sich vorstellt, daß das Gewicht der Arme an deren Unterseite ist, werden seine Arme sehr schwer (Abb. 33).

Will A seinen Partner mit Katate-tori Tenkan-kokyû-nage werfen, muß er seine Arme wie im oben beschriebenen Sayû-undô bewegen.

B befindet sich nun im rechten Hanmi, lehnt seinen Oberkörper zurück und hält den Einen Punkt. Er sollte sich dabei vollkommen entspannen. A steht im linken Hanmi rechts von B, geht nun mit seinem linken Fuß rechts hinter B und legt seinen linken Arm quer über den Brustkorb seines Partners. So versucht er, den Körper

32

33

seines Partners zu bewegen, aber solange B den Einen Punkt hält, wird er nicht fallen. Nun wendet A die Prinzipien von SAYÛ-UNDÔ an. Er entspannt sich und stellt sich vor, daß das Gewicht seines Armes an dessen Unterseite ist und bewegt vom Einen Punkt aus den ganzen Körper nach links unten. Jetzt kann er B ohne Schwierigkeiten werfen (Abb. 34 und 35).

35

34

36

37

5. Kôhô-tentô-undô (1)

Aus Hanmi links setzt A sich mit seinem Einen Punkt als Zentrum ganz ruhig auf den Boden. Die Beine sind gekreuzt, und die Hände ruhen bequem auf den Oberschenkeln (Abb. 36). Bei „Eins“ rollt er nach hinten, läßt aber dabei die Beine in der beschriebenen Stellung (Abb. 37). Bei „Zwei“ rollt er wieder nach vorn und sollte nun wieder die Ausgangsposition eingenommen haben (Abb. 38). Sobald A wieder die aufrechte Position erreicht hat, stoppt B ihn, indem er seine Schultern nach hinten drückt. Wenn A nur mit seinem Körper in die ursprüngliche Position zurückgekehrt ist, seinen Geist aber nicht nach vorn gerichtet hat, wird er sofort nach hinten fallen, wenn B gegen seine Schulter drückt. Hat A, während er nach vorn rollt, auch seinen Geist nach vorn gerichtet, wird er nicht umfallen, wenn B ihn testet (Abb. 39).

Da der Geist den Körper lenkt, sollte A's Geist, wenn er nach hinten rollt, auch nach hinten gerichtet sein, und er sollte nach vorn gerichtet sein, wenn er nach vorn rollt.

38

39

Das ist eine Methode oder ein Weg, Geist und Körper zu vereinen. Wenn Sie ein Buch lesen und dabei an völlig andere Dinge denken, werden Sie nichts vom Inhalt des Buches mitbekommen. Sie können das Buch nur dann verstehen, wenn Sie Ihr Ki auf das Buch lenken. Ähnlich sollte man, wenn man nach vorn schaut, Ki nach vorn fließen lassen. Die meisten von uns benutzen aber Geist und Körper getrennt. Häufig macht man irgend etwas mit dem Körper, während der Geist ganz woanders ist. Auf diese Weise verliert man sehr schnell die Konzentration. Im Zuge der Industrialisierung und der Weiterentwicklung und Technisierung der Wirtschaft ist der Mensch allzusehr mit Maschinen und technischen Dingen beschäftigt. Alltag wird häufig nur noch halbherzig und einseitig gelebt. Bei vielen läuft auch während der Mahlzeiten das Fernsehprogramm, oder man lernt oder studiert und hört dabei Musik. In diesen Fällen sind Geist und Körper voneinander getrennt, und wir verlieren unsere natürliche Kraft. So entstehen auch Nervenzusammenbrüche und viele andere Krankheiten. Wir sollten daher darauf achten, Geist und Körper in Einklang zu haben.

40

41

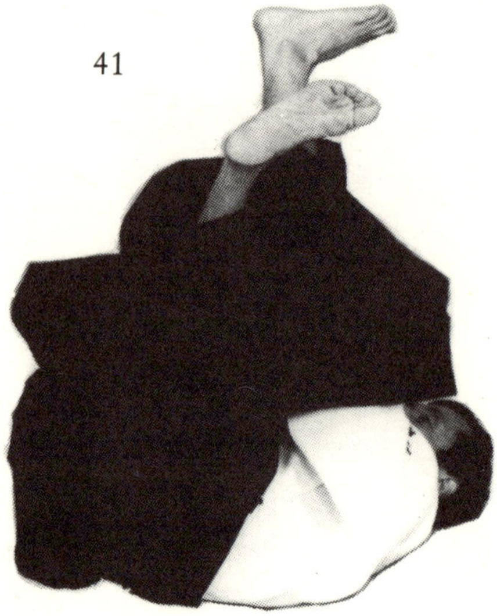

KÔHÔ-TENTÔ-UNDÔ (2)

A rollt auf das Zeichen „Eins“ nach hinten und auf das Zeichen „Zwei“ wieder nach vorn, diesmal so weit, bis er aufrecht zum Stehen kommt. Er befindet sich nun automatisch im linken Hanmi (Abb. 40 bis 42). Er wiederholt dieses Rollen und Aufstehen in diesem Rhythmus mehrere Male hintereinander. In dem Augenblick nun, wenn A sich hinstellen will, drückt B mit seiner linken Hand die linke Schulter seines Partners nach unten — damit versucht er, ihn am Aufstehen zu hindern (Abb. 43).

Wenn A sich bewußt macht, daß er an der Schulter unten festgehalten wird, weil B an dieser Stelle drückt, wird er den Einen Punkt verlieren. Das geschieht deshalb, weil A den Strom seines Ki an der Schulter unterbrochen hat. Infolgedessen kann er sich nicht hinstellen, sondern wird nach hinten fallen. A sollte sich nicht darum kümmern, ob B ihn stoppen will oder nicht, sondern er sollte sein Ki weiterhin ganz stark nach vorn fließen lassen. Und da der Geist den Körper lenkt, wird A dieses Mal keinerlei Schwierigkeiten haben, aufzustehen. Außerdem wird B wahrscheinlich selbst sein Gleichgewicht verlieren.

42

43

Bei der Gründung eines Unternehmens hat man meist trotz einiger Anfangsschwierigkeiten ein starkes Ki. Wenn dann eines Tages die Geschäfte gut laufen, neigen viele dazu, ihr Ki zu lockern. Dadurch gehen dann auch die Geschäfte wieder schlechter. Es ist also ganz wesentlich, immer starkes Ki fließen zu lassen.

Viele Schüler, die nicht so gut in der Schule sind, denken, sobald sie mit einem Problem konfrontiert sind: „Das kann ich nicht." Ein Beispiel:

A hält den Einen Punkt und sagt: „Ich kann es." Dann rollt er nach hinten und steht wieder auf. B wird ihn jetzt nicht am Aufstehen hindern können.

Als nächstes sagt A: „Ich kann es nicht" und rollt wieder nach hinten. B wird jetzt keine Mühe haben, ihn zu stoppen. Besonders Lehrer sollten diese Übung verstehen, so daß sie ihren Schülern Zuversicht und Selbstvertrauen vermitteln können.

Ganz allgemein gesagt sollten wir uns bemühen, immer positive Worte und positive Gedanken bereit zu halten, um ein positives Leben leben zu können.

44

45

46

6. ZENPÔ-KAITEN-UNDÔ

A hat den linken Fuß vorn und beugt sich vor; er legt seine linke Hand mit dem Handrücken nach unten vor seinen linken Fuß auf die Matte. Dann nimmt er die rechte Hand nach unten zwischen seine linke Hand und sein linkes Bein (Abb. 44).

Er zieht den Kopf ganz ein, so als wolle er ihn mit seinem rechten Arm schützen. Dann geht er langsam mit der Hüfte nach vorn und rollt vornüber (Abb. 45). Am Ende dieser Vorwärtsrolle sitzt A wieder aufrecht und schaut nach vorn.

Anschließend macht er diese Vorwärtsrolle mehrere Male hintereinander und stellt sich dabei vor, er sei ein weicher, runder Ball. Zu Anfang wird es einem bereits nach zwei oder drei Vorwärtsrollen schwindelig werden, aber mit ein wenig Übung fühlt man sich immer stabiler, selbst wenn man viele Rollen hintereinander gemacht hat. Wichtig dabei ist nur, daß man seinen Geist ruhig hält, indem man einige Sekunden nach dem Rollen den Einen Punkt hält, und so wird man sehr schnell in der Lage sein, sein Gleichgewicht wiederzugewinnen. A sollte auch dann stabil sein, wenn B ihn testet wie in Abb. 46.

47

48

7. Katate-kôsa-tori Kokyû-nage

A steht im rechten Hanmi und streckt seine rechte Hand aus. B steht ebenfalls im rechten Hanmi und hält A's rechtes Handgelenk mit ganzer Kraft. Wenn A seine Hand anspannt und versucht, sie zu bewegen, wird er in Schwierigkeiten kommen, denn seine Kraft kollidiert an dieser Stelle mit der Kraft des Angreifers (Abb. 47).

Nun entspannt A seinen rechten Arm vollkommen und hält den Einen Punkt. Auf diese Weise kann er seine rechte Hand mühelos bewegen, und B wird ihn auch nicht daran hindern können. Anhand dieses Beispiels kann A lernen, daß Entspannung wahre Stärke ist. Wenn jemand sehr wütend auf Sie ist, so können Sie, indem Sie den Einen Punkt halten, die Verärgerung Ihres Gegenübers einfach zu diesem zurückschicken. Wenn Sie selbst aber auch wütend werden, kann sein Ki in Sie eindringen. Es ist aber wesentlich besser, kein negatives Ki in sich hereinzulassen. Kein negatives Ki hereinlassen zu wollen, ist jedoch etwas völlig anderes, als sich mit etwas abzufinden. Wenn Sie sich bloß mit etwas abfinden, wird Ihr Ärger eines Tages an ganz anderer Stelle wieder zum Vorschein kommen.

B greift das Handgelenk seines Partners mit ganzer Kraft. A geht mit seinem linken Fuß einen halben Schritt hinter B und faßt ihn mit seiner linken Hand am Nacken. Dann schwingt er seine rechte Hand nach oben mit dem Ziel, B nach hinten zu werfen. Spannt A dabei aber seinen Arm an, wird er mit der Kraft im Arm seines Partners kollidieren und ihn nicht werfen können.

A hält den Einen Punkt und entspannt seinen Arm vollkommen. Nun wird er feststellen, daß B nicht in der Lage ist, ihm standzuhalten. B wird in dem Augenblick fallen, in dem A mit seiner rechten Hand einen Bogen beschreibt, so als wolle er B's Gesicht zu Boden werfen (Abb. 48).

Auf diese Weise kann A, wenn er ganz entspannt ist, den Angreifer werfen, auch wenn dieser sein Handgelenk mit Kraft festhält. Solange B selbst angespannt ist und ihn

49

50

51

nur mit körperlicher Kraft festhält, braucht A keine besondere Technik anzuwenden, um ihn zu werfen. Aber was passiert, wenn B richtig hält, das heißt ganz entspannt und indem er Ki fließen läßt?

B entspannt seinen Arm und hält den Einen Punkt. Er faßt B's rechtes Handgelenk entspannt mit seiner rechten Hand. Er sollte zwar nur ganz sachte, aber dennoch mit Ki halten. Sein Ki muß durch seine Finger fließen und A's Handgelenk umhüllen. So wird es A kaum gelingen, seine Hand diesem Griff zu entziehen. Außerdem kann A, da B den Einen Punkt hält, diesen weder wegschieben noch sich durch Herausziehen des Arms von ihm befreien. In dieser Position ist es, anders als in Abb. 48, nicht so einfach, den Angreifer zu werfen. Diesmal muß er KOKYÛ-NAGE korrekt einsetzen und dem Prinzip des Nicht-Streitens folgen, um B werfen zu können (Abb. 49).

A streckt seine Finger aus und läßt sein Ki ganz stark nach außen fließen. Ohne sein rechtes Handgelenk zu bewegen, geht er mit dem linken Fuß einen Schritt rechts hinter B. Gleichzeitig faßt er B mit seiner linken Hand am Nacken. In dieser Stellung zeigen B's rechter Arm und A's Finger automatisch in dieselbe Richtung, so als ob beide ein Paar wären, das gemeinsam auf etwas Bestimmtes zeigt und es bewundert. Jetzt fließen sowohl A's als auch B's Ki gemeinsam in die gleiche Richtung (Abb. 50). In dieser Hal-

53

52

54

tung berührt A mit seinem Körper B nur ganz leicht. Dieser Berührungspunkt wird nun zum Mittelpunkt eines Kreises — A's rechter Arm ist der Radius. Er dreht nach rechts und zeichnet mit seinen Fingern einen Kreis. Da beide Ki zusammenströmen, wird B ihm widerstandslos folgen. Sollten A und B aber getrennt voneinander sein und sich mit ihren Körpern nicht berühren, so wird es zwei Mittelpunkte geben. Infolgedessen kann A keinen Kreis mehr beschreiben. A kann B nur deshalb so leicht führen, weil sie beide eins sind und ihr Ki in dieselbe Richtung fließt, das heißt, daß sie ein gemeinsames Zentrum haben (Abb. 51).

Nachdem A einen Bogen nach rechts beschrieben hat, geht er mit der Hüfte nach unten und zeigt mit seinen Fingern ebenfalls nach unten auf den Boden. Solange A starkes Ki fließen läßt, wird B widerstandlos seiner Führung folgen (Abb. 52).

Nun beschreibt A einen Kreis auf diagonaler Ebene. Er bewegt seine Finger auf diesem Bogen weiter, bis sie nach oben zeigen (Abb. 53). Schließlich deutet er auf einen Punkt zwischen den Augen des Angreifers. Jetzt sollte er aber sein Handgelenk nicht nach innen beugen, sondern stattdessen die Kleinfingerseite seiner Hand strecken, so daß sein Handrücken auf B's Gesicht zeigt. Das heißt, der ganze Arm macht eine sanfte Kurve. A richtet seine Finger weiter auf B und führt seine Finger nach unten, so als wolle er sie zwischen die Augen seines Partners stoßen. Aber stattdessen streifen seine Finger nur leicht über dessen linke Gesichtshälfte und bewegen sich dann weiter nach unten, zusammen mit B's rechter Hand, der dadurch zu Boden fällt (Abb. 54).

Die Praxis des Shin-Shin-Tôitsu-Aikidô kann man mit der japanischen Kalligraphie vergleichen. In der Kunst der Kalligraphie beginnt man zunächst einmal mit einfachen Linien und Winkeln. Dann lernt man den eckigen Stil chinesischer Schriftzeichen. Wenn man alle Schriftzeichen beherrscht, setzt man die Übungen in halbkursiver und später in kursiver Schrift fort. Auf diese Weise geht ein Schüler der Kalligraphie durch verschiedene Stufen, die jeweils nacheinander gemeistert werden müssen, bevor er zur nächsten Stufe übergehen kann. In der Praxis werden Buchstaben häufig halbkursiv oder kursiv geschrieben. Will man mit Hilfe dieses Schreibstils allerdings nur Zeit sparen und hat die eckige Schrift nicht als Grundlage zur Verfügung, wird die Kalligraphie in einem unleserlichen Gekritzel enden, dem jegliche Schönheit fehlt. Ähnlich ist es mit den Techniken im Shin-Shin-Tôitsu-Aikidô, die man nur dann beherrschen lernt, wenn man die wesentlichen Grundlagen geübt hat. Zu Beginn lernen die Schüler, wie man richtig hält oder von anderen gehalten wird, wie man Hüfte, Hände, Beine usw. bewegt. Nachdem man diese grundlegenden Dinge gelernt hat, kann man sie auf verschiedene Art und Weise miteinander kombinieren und so die wesentlichen Formen dieser Kunst erlernen. Im Prinzip und in der Praxis ist diese Phase vergleichbar mit der eckigen Schrift in der japanischen Kalligraphie. Der nächste Schritt besteht darin, daß sich der Schüler darauf konzentriert, die Bewegungen mit Ki auszuführen, um so zu der fließenden Form des Shin-Shin-Tôitsu-Aikidô zu kommen. Dieser Stil entspricht wiederum der halbkursiven Form in der Kalligraphie. Wenn der Schüler diese Form beherrscht, braucht er nicht mehr zu warten, bis ein Gegner ihn angreift. Stattdessen führt er ihn und wirft ihn zu Boden, sobald dessen Ki sich bewegt. Dieses „letzte" Stadium entspricht dem kursiven Stil in der Kalligraphie.

Tatsächliche Anlässe zu schreiben (oder sich zu verteidigen) erfordern jeweils den halbkursiven oder häufiger noch den kursiven Stil. Aber dennoch muß man zunächst die starke, viereckige Handschrift als Grundlage beherrschen, bevor man die beiden anderen Schreibstile anwenden kann. Denn sonst entwickeln wir weder in der Kunst der Kalligraphie noch in der Kunst des Shin-Shin-Tôitsu-Aikidô Anmut und Kraft.

55

56

B steht im rechten Hanmi und greift A's rechtes Handgelenk. A testet B, indem er die angreifende Hand wegzieht oder in Richtung auf den Partner drückt. Solange B den Einen Punkt hält, ist er unbeweglich.

Nun schwingt A seinen linken Arm weit nach hinten (Abb. 55) und danach mit einer starken Bewegung wieder nach vorn, so als wolle er B von hinten am Nacken fassen. Dabei hält er den Einen Punkt, so daß die Hüfte und die rechte Hand sich automatisch nach rechts bewegen. A sollte dabei durch seine linke Hand stark Ki fließen lassen in Richtung auf den Nacken seines Partners, so daß dieser das Gefühl bekommt, der Nacken würde weggedrückt werden. Dadurch wird er instinktiv der Bewegung von A's rechter Hand folgen und mit dem Oberkörper nach vorn gehen (Abb. 56).

So lernt A, wie er allein durch das Schwingen seiner Arme B in Bewegung versetzen kann. Nun stellt A sich wieder in Hanmi rechts und läßt B sein rechtes Handgelenk halten. In dem Augenblick, in dem er seine linke Hand hinter den Nacken seines Partners schwingt, springt er mit einem Satz hinter ihn. Sobald seine Füße den Boden berühren, faßt er B mit seiner linken Hand am Nacken, schwingt seine Arme nach unten und führt damit auch B in diese Richtung. A sollte ihn am Nacken aber nicht fest drücken, sondern lediglich beide Arme ganz entspannt nach unten schwingen, damit sich B's Ki ebenfalls nach unten bewegt. Danach schwingt er seine Arme wieder weit nach oben, bis auch B nach oben schaut und schließlich zu Boden fällt.

58

57

59

B steht A ein paar Schritte entfernt gegenüber. A steht im rechten Hanmi und streckt seine rechte Hand nach vorn, so als wolle er sie B anbieten. B faßt sie, so schnell er kann. Dies wird ihm, wenn er schnell genug ist, auch dann gelingen, wenn A seine Hand sogleich wieder zurückzieht (Abb. 57).

B greift nun ein zweites Mal an. Aber dieses Mal läßt A ganz stark Ki fließen und führt seinen Arm mit Schwung nach rechts. Dadurch hindert er den Angreifer daran, seine Hand zu fassen, und gleichzeitig beginnt er, ihn nach rechts um sich herum zu führen (Abb. 58).

A führt B's Hand immer weiter, schwingt dann seine rechte Hand nach unten (Abb. 59) und wieder nach oben (Abb. 60). Schließlich richtet A die Finger seiner rechten Hand auf das Gesicht seines Partners, so daß dieser nach hinten fallen muß (Abb. 61).

Stellen Sie sich einmal vor, am Grunde eines Sees sprudelt Wasser aus einer unterirdischen Quelle. Auch wenn diese Quelle ganz klein ist, kann kein Tropfen Wasser aus dem See in die Öffnung der Quelle gelangen, solange das Quellwasser beständig herausströmt. Sobald aber das Quellwasser versiegt, fließt das Wasser aus dem See unmittelbar in die Quelle hinein. Dasselbe passiert mit unserem Ki. Solange Ki nach außen fließt, kann das Ki des Gegners uns nicht erreichen und beeinflussen. Wenn wir aber unser Ki stoppen oder zurückziehen, kann das Ki des Gegners sofort in uns eindringen. Solange wir Ki fließen lassen, brauchen wir uns keinerlei Sorgen zu machen, selbst wenn wir in der Dunkelheit plötzlich angegriffen werden. Das Schwierige dabei ist nur, zu jeder Zeit beständig Ki fließen zu lassen. Im Shin-Shin-Tôitsu-Aikidô müssen wir daher stets üben, unseren Geist in Ruhe zu sammeln, den Einen Punkt zu halten und überall aus dem ganzen Körper Ki fließen zu lassen. In Abb. 57 ist das Zurückziehen der Hand der körperliche Ausdruck dafür, daß A sein Ki zurückzieht. Weil A sein Ki zurückzieht, kann das Ki des Angreifers ihn erreichen, das heißt, B ist in der Lage, A's Handgelenk zu fassen. Dagegen setzt A in Abb. 58, anstatt seine rechte Hand zurückzuziehen, seinen Ki-Strom fort und schwingt seine Hand nach rechts. So kann B's Ki nicht in ihn eindringen, und da der Kreis, den A mit seiner Hand beschreibt, endlos ist, kann B die Hand niemals erreichen.

In unserem Alltag sollten wir immer den Einen Punkt halten und Ki fließen lassen, so daß wir ein glückliches Leben leben können. Sobald wir unser Ki stoppen oder zurückziehen, lassen wir uns von außen beeinflussen, und unser Leben wird instabil und negativ.

60

61

62

63

8. Katate-tori Tenkan-kokyû-nage

A steht in Hanmi links und streckt seine linke Hand mit ganz gebeugtem Handgelenk nach vorn. B steht im rechten Hanmi und hält mit seiner rechten Hand A's linkes Handgelenk fest (Abb. 62).

A läßt das Ki des Angreifers in die Richtung gerichtet, in die die Finger seiner linken Hand zeigen und geht mit der Hüfte näher an ihn heran. Dabei sollte er aber mit seiner linken Hand nicht in Kollision mit der Kraft des Angreifers kommen. Er sollte also nur mit der Hüfte näher an ihn herangehen und dabei weder seinen linken Fuß noch sein Handgelenk von der Stelle bewegen (Abb. 63).

Nun dreht sich A auf seinem linken Fuß nach rechts. Anschließend geht er mit seinem rechten Fuß einen Schritt nach rechts hinter B (Abb. 64). Er läßt seinen linken Arm da, wo er ist und setzt seinen linken Fuß zurück an den rechten (Abb. 65). Beachten Sie dabei folgendes: falls A beim Zurücksetzen seines linken Fußes auch seine linke Hand mit nach hinten nimmt, zieht er sein Ki zurück und kommt an dieser Stelle nicht mehr weiter. A läßt also seinen Arm beim Zurücksetzen des linken Fußes da, wo er ist — deshalb wird der Arm auch in einer ganz natürlichen Stellung und ganz ausgestreckt sein. Aus dieser Position heraus dreht A sich kreisförmig nach rechts, und diese Bewegung bewirkt, daß B ihm in derselben Richtung folgen muß (Abb. 66).

Während dieser Kreisbewegung geht A an einer passenden Stelle mit der Hüfte nach unten. Das hat zur Folge, daß B sein Gleichgewicht verliert und auf diese Weise nach unten geführt werden kann (Abb. 67).

64

65

66

Nun richtet A sich wieder ganz auf, schwingt seine Arme nach oben und führt damit auch B's Ki nach oben (Abb. 68).

Schließlich richtet A seine linke Hand auf das Gesicht seines Partners und führt seine Arme mit dem Einen Punkt als Zentrum der Bewegung nach unten. B fällt zu Boden (Abb. 69).

67

69

68

Die Fünf Prinzipien des Shin-Shin-Tôitsu-Aikidô

Durch die folgenden Beispiele können wir diese Fünf Prinzipien des Shin-Shin-Tôitsu-Aikidô verstehen lernen.

1. Ki fließen lassen

Wenn A im linken Hanmi steht und seine linke Hand mit ganz gebeugtem Handgelenk ausstreckt, versucht B, A's Handgelenk in Richtung seiner Schulter zu drücken. Läßt A kein Ki fließen, wird er sich bei diesem Test ohne weiteres bewegen. Bevor man eine Aufgabe oder eine Arbeit anfängt, muß man zuerst einmal Ki fließen lassen. Wenn man bereits begonnen hat, ist es zu spät. Also sollte man zuerst Ki fließen lassen und sich sodann an die Aufgabe machen. Wenn daher A in der oben beschriebenen Übung von Anfang an Ki fließen läßt, wird er beim Test von B nicht weggedrückt werden können.

2. Den Geist des Partners erkennen

A muß lernen zu erkennen, wie und wann sich das Ki des Angreifers bewegt. Kann man den Geist des Angreifers nicht erkennen, so ist es sehr schwierig, mit einer Technik zum Erfolg zu kommen.

3. Das Ki des Partners respektieren

In unserem Fall wissen wir, daß B's Ki auf A gerichtet ist. A sollte dieses Ki nun respektieren. Versucht er nämlich, B's Hand zu bewegen, kann dieser ohne Schwierigkeiten Widerstand leisten. A respektiert also das Ki seines Partners, indem er die Hand nicht bewegt, sondern sich selbst stattdessen neben ihn stellt.

4. Sich an die Stelle des Partners versetzen

Es gibt Situationen, in denen Ihr Gegenüber sagt: „Nein, damit bin ich nicht einverstanden.“ Auch wenn Sie der Meinung sind, der andere sei im Unrecht, so versuchen Sie dennoch, seinen Standpunkt oder seine Ansicht zu verstehen. Jeder von uns hat seine eigenen Vorstellungen und persönlichen Voraussetzungen. Sie sollten sich deshalb immer zuerst an die Stelle des anderen versetzen. Jemand, der oben auf einem Berg steht, hat einen ganz anderen Ausblick als jemand, der sich erst auf halbem Wege zum Gipfel befindet. Es ist sinnlos, sich über Meinungsverschiedenheiten zu streiten. Stattdessen sollte man sich sowohl geistig als auch körperlich an die Stelle seines Gegenübers begeben.

Versetzt A sich an B's Stelle, wird dieser kein Interesse an Kampf zeigen. Wenn A sich danach kreisförmig dreht, wird B ihm bereitwillig folgen. Geht A mit der Hüfte nach unten, wird B dasselbe tun. Sobald A sich wieder aufrichtet, wird B sich ebenfalls aufrichten. Wenn A jetzt Hand und Arm auf das Gesicht von B richtet, fällt dieser nach hinten. Allerdings wird er dabei nicht das Gefühl haben, zu einem Sturz gezwungen, sondern sanft in dieses Fallen geführt worden zu sein.

Das Problem der Gewalt in den Schulen ist heutzutage ein vieldiskutiertes Thema. Es ist sinnlos, junge Menschen unterdrücken zu wollen. Der Kern des Problems liegt darin, daß Lehrer ihre Verantwortung für Erziehung und Unterricht vergessen oder vernachlässigt haben. Sie denken nur noch darüber nach, wie sie sich vor der Gewalt von Seiten der Schüler und Studenten schützen können, was unweigerlich zu einer aggressiven und streitlustigen Haltung den jungen Menschen gegenüber führt.

In Hawaii gab es einen Lehrer, der aus Gründen der Selbstverteidigung Aikidô lernen wollte. Seinen Berichten zufolge fanden an seiner Schule viele gewalttätige Auseinandersetzungen statt. Meister Tôhei lehrte ihn, wie er mit positivem Ki mit seinen Schülern umgehen sollte. Er zeigte dem Lehrer die Techniken des Shin-Shin-Tôitsu-Aikidô mit den Prinzipien des Ki. Die Folge war: die Schüler verhielten sich nach einiger Zeit nicht mehr so feindselig und gewalttätig, sondern wurden dem Lehrer sogar sehr freundlich gesinnt. Ich besuchte ihn eines Tages in seiner Schule und stellte fest, daß die Schüler ihn respektierten und sehr gerne mochten.

Die Fünf Prinzipien des Shin-Shin-Tôitsu-Aikidô sind unerläßlich, wenn man andere Menschen führen will. Mit Hilfe der Aikidô-Techniken kann man sie üben. Insbesondere unsere Lehrer sollten dies im Auge behalten.

Zweite Stufe

70

71

72

9. Ikkyô-undô

A steht im linken Hanmi. Er schließt beide Hände zur Faust, die Arme hängen ganz natürlich seitlich an der Hüfte (Abb. 70).

Bei „Eins“ bewegt er die Hüfte nach vorn und schwingt beide Arme bis in Augenhöhe. Dabei öffnet er die Fäuste und streckt die Finger beider Hände locker geradeaus (Abb. 71).

Während er bei „Zwei“ seine Hände wieder seitlich herunternimmt, bewegt er die Hüfte wieder zurück. Beim Schwingen der Arme nach unten schließt er die Hände wieder zu einer leichten Faust (Abb. 70).

A wiederholt diesen Bewegungsablauf in diesem Rhythmus mehrere Male, und zwar sowohl in Hanmi rechts als auch links.

Während A sich nach vorn bewegt und die Arme mit Schwung nach oben führt, drückt B ihn am Rücken mit seiner rechten Hand nach vorn. Hat A seine Arme angespannt, wird er durch den Schub von hinten nach vorn fallen.

Gleichermaßen wird er nach hinten fallen, wenn B seine Arme in der oberen Stellung anhält und an den Händen nach hinten drückt.

Hält A jedoch den Einen Punkt und entspannt bei der Schwingbewegung nach vorn beide Arme vollkommen, so wird er unbeweglich sein, wenn B ihn von hinten oder von vorn testet (Abb. 72). Für Anfänger ist es jedoch relativ schwierig, Arme und Hände beim Hochschwingen vollkommen zu entspannen. Deshalb noch einige Hilfen.

A steht im linken Hanmi und schwingt seine linke Hand nach vorn und oben. Bei dieser Übung machen viele den Fehler, Arm und Hand von der Schulter aus hochzuheben, und so spannen sie sich dort unnötig an. Richtigerweise sollte man diese Bewegung jedoch von den Fingerspitzen aus machen.

Stellen Sie sich vor, A's linker Arm sei ein Feuerwehrschlauch. Sein Ki entspricht dem Wasser, das durch den Schlauch fließt. Wenn das Wasser bereits aus dem Schlauch sprudelt und man die Richtung des Wasserstrahls verändern will, wird man natürlich die Düse des Schlauches fassen und nicht irgendwo in der Mitte, denn sonst wäre es viel zu schwierig und umständlich, den Schlauch zu kontrollieren und die Richtung des Wasserstrahls zu verändern. Aus dem gleichen Grund sollte A seine Arme bei dieser Bewegung von den Fingerspitzen aus nach oben schwingen.

Wenn Wasser ungehindert und mit einem kräftigen Strahl aus dem Schlauch strömen kann, spürt man beim Berühren der Düse am meisten. Spürt man dagegen in der Mitte des Schlauches am meisten, so ist das ein Zeichen dafür, daß das Wasser an dieser Stelle nicht mehr frei und ungehindert fließen kann. Beim Hochschwingen der Arme sollte man am meisten in den Fingerspitzen und an der äußeren Handkante spüren. Spürt man dagegen mehr an Schulter oder Arm, ist das ein Zeichen dafür, daß man an dieser Stelle sein Ki angehalten hat. Bei der Anweisung „Ki fließen lassen" strecken viele ihre Arme übertrieben aus, ziehen die Schultern hoch oder spannen Schultern und Fingerspitzen an. Diese Reaktion ist nicht richtig. Vergessen Sie nicht, daß man im Zustand vollkommener Entspannung am besten und stärksten Ki fließen lassen kann.

A kann nun diese Übung auf folgende Art und Weise praktizieren:

Er steht im linken Hanmi und schließt beide Hände leicht zur Faust. Auf das Zeichen „Eins" läßt er Ki nach vorn und nach oben fließen, ohne seinen Körper zu bewegen.

Auf das Zeichen „Zwei" schwingt er seine Hände nach oben und geht gleichzeitig mit der Hüfte nach vorn. Wenn er dabei seine Arme vollkommen entspannt, werden sie von ganz alleine in Augenhöhe anhalten.

Auf das Zeichen „Drei" läßt er Ki nach unten fließen, ohne sich mit dem Körper zu bewegen, und bei „Vier" führt er schließlich seine Arme wieder an die Hüfte, während er diese gleichzeitig nach hinten bewegt.

Der Geist lenkt den Körper. Dennoch bewegen viele zuerst ihren Körper und lassen erst dann Ki folgen. Mit Hilfe der oben beschriebenen Übung kann A lernen, zuerst Ki fließen zu lassen und danach seinen Körper zu bewegen.

10. ZENGÔ-UNDÔ

Auf „Eins“ und „Zwei“ führt A dieselben Bewegungen aus wie bei IKKYÔ-UNDÔ (Abb. 73).

Nachdem er beide Hände heruntergeführt und sich auf „Zwei“ mit der Hüfte zurückbewegt hat, dreht er um 180° nach rechts, so daß er nun in die entgegengesetzte Richtung schaut (Abb. 74 und 75). Bei dieser Drehung hält A seine beiden Fäuste seitlich an der Hüfte und bewegt die Beine nicht. Außerdem ist es wichtig, auf den Fußballen und nicht auf den Fersen zu drehen. Macht er die Drehung auf den Fersen, wird er sehr schnell den Einen Punkt verlieren. Nach dieser Drehung um 180° sollte A im rechten Hanmi stehen.

Auf das Zeichen „Drei“ bewegt er sich mit der Hüfte nach vorn und schwingt seine Arme nach oben wie bei „Eins“ (Abb. 76).

Auf das Zeichen „Vier“ nimmt A beide Arme wieder nach unten und bewegt die Hüfte zurück wie bei „Zwei“ (Abb. 77).

Nun läßt er beide Fäuste an der Hüfte und dreht um 180° auf den Fußballen nach links und wartet auf das Zeichen, um wieder zu „Eins“ zurückzukehren. Jetzt sollte er wieder im linken Hanmi stehen wie zu Beginn der Übung.

Bei „Eins“ und „Drei“ geht A mit der Hüfte nach vorn. B testet ihn nun, indem er von hinten entweder an der Schulter oder an der Hüfte nach vorn drückt. Die meisten werden beim Test nach dem Zeichen „Eins“ ziemlich stabil stehen, da sie ja dies bereits bei IKKYÔ-UNDÔ geübt haben. Allerdings kommen viele Schüler relativ leicht ins Stolpern, wenn sie bei „Drei“ getestet werden. Warum ist man stabil, wenn man bei „Eins“ getestet wird und verliert relativ leicht sein Gleichgewicht beim Test auf das Zeichen „Drei“?

Man kann im Test bei „Eins“ unbeweglich bleiben, weil man gelernt und geübt hat, bei IKKYÔ-UNDÔ Ki fließen zu lassen. Läßt man stark Ki fließen, bleibt der Eine Punkt ungestört, und deshalb ist man auch unbeweglich. Aber warum ist das beim Test auf das Zeichen „Drei“ nicht der Fall?

Bei „Drei“ muß alles Ki, das bei „Eins“ nach vorn gerichtet wurde, umgelenkt werden, so daß es vollständig in die entgegengesetzte Richtung fließen kann. Wenn A in eine neue Richtung schaut, sollte er sein Ki ebenfalls in diese Richtung lenken. Das ist die Bedeutung der Einheit von Geist und Körper. Das Problem bei der Bewegung auf „Drei“ besteht darin, daß die meisten von uns vergessen, ihr Ki in die neue Richtung zu schicken und die Hälfte ihres Ki in der Richtung konzentriert bleibt, die auf das Zeichen „Eins“ angesteuert wurde. Deshalb können sie ihr Ki nicht vollständig und stark in die neue Richtung lenken. Ki fließen lassen und den Einen Punkt halten sind ein und dasselbe. Wenn man in die Richtung, in die man schaut, kein Ki fließen läßt, wird man auch den Einen Punkt verlieren. Ist A nicht in Einheit von Geist und Körper, so fällt er nach vorn, wenn B ihn beim Zeichen „Drei“ testet.

73

74

75

76

77

A sollte üben, sein Ki vollständig nach vorn zu lenken, wenn er geradeaus schaut und ebenso alles Ki in die entgegengesetzte Richtung, wenn er sich umdreht. Kurz gesagt lernt man mit dieser Übung nicht nur, den Körper zu bewegen, sondern man trainiert auch seinen Geist, so daß man in der Lage ist, seine Konzentration unmittelbar in jede beliebige Richtung zu schicken.

Die Redensart „Gut spielen — gut lernen" beinhaltet, daß man mit all seiner Kraft und Konzentration spielen und sorgfältig und konzentriert lernen soll. Gut spielen und gut lernen ergänzen einander. Wenn ein Kind gut spielt, wird es auch gut lernen. Denkt man beim Spielen aber ans Lernen oder beschäftigt sich beim Lernen mit Spielen, so vergeudet man nur seine Energien, was dazu führt, daß man nichts zuwege bringt und in keinem Bereich auch nur annähernd zur Meisterschaft gelangt.

Wir sollten uns daher bemühen, alles, was wir tun, in Einheit von Geist und Körper zu tun. Auf diese Weise können wir uns vollkommen in die Dinge, die uns beschäftigen, vertiefen. Dieser Zustand der Konzentration und völligen Hingabe ist etwas ganz anderes als der Zustand, in dem unser Geist ausschließlich auf eine bestimmte Sache, einen Gedanken oder eine Aktivität fixiert ist und wir nichts anderes mehr im Kopf haben. Letzteres ist nur scheinbar ein Zustand der Einheit von Geist und Körper, denn unser Geist haftet zu stark an dieser einen Sache und ist deshalb nicht wirklich frei. Wahre Einheit umfaßt Freiheit und Fließen, das heißt die Fähigkeit, unseren Geist und unser Denken vollständig auf das zu richten, was der jeweils sich verändernden Situation angemessen ist. Es ist die Fähigkeit, mit ganzer Hingabe, mit Leib und Seele, zu spielen, wenn die Zeit dafür richtig ist, und ebenso zu lernen, wenn dies erforderlich ist. In Bezug auf Aikidô-Übungen bedeutet die Vereinigung von Geist und Körper die Fähigkeit, den Geist unmittelbar in die Richtung zu lenken, in die auch der Körper gerichtet ist.

Wenn Kinder draußen gespielt haben, sitzen sie oft an ihren Tischen und sind geistig immer noch auf der Wiese oder dem Spielplatz. In einem solchen Zustand können die Kinder nichts lernen, denn sie sind geistig nicht aufs Lernen eingestellt. Daher ist es nur allzu verständlich, wenn sie das Interesse verlieren, frustriert werden und sich sehr leicht verführen lassen, das Lernen aufzugeben. Lassen Sie die Kinder ZENGÔ-UNDÔ üben, damit sie die Fähigkeit entwickeln, die Richtung ihres Geistes beliebig lenken zu können. Ohne Übung ist der Körper weder stark noch in der Lage, sich schnell zu bewegen. Dasselbe gilt auch für unseren Geist.

11. HAPPÔ-UNDÔ

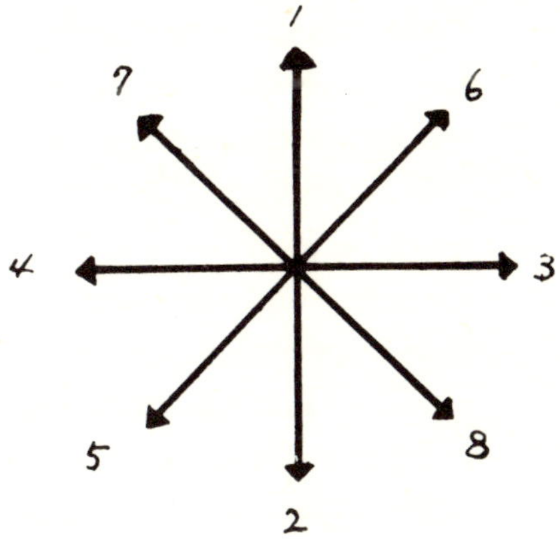

3

Nachdem wir gelernt haben, uns in Einheit von Geist und Körper vorwärts und rückwärts zu bewegen, üben wir jetzt den folgenden Bewegungsablauf, um zu lernen, wie man sich ganz frei und unabhängig in jede beliebige Richtung bewegen kann, ohne die Einheit von Geist und Körper zu verlieren. Diese Übung heißt HAPPÔ-UNDÔ.

A steht im linken Hanmi, und seine Fäuste liegen ganz natürlich seitlich an der Hüfte.

Auf das Zeichen „Eins" geht A mit dem linken Fuß einen Schritt nach vorn, während er gleichzeitig die Fäuste öffnet und seine Hände wie bei bei IKKYÔ-UNDÔ nach oben schwingt. Dabei setzt er den rechten Fuß an den linken heran.

Dann nimmt er sofort beide Hände nach unten, schließt sie dabei zur Faust und dreht auf den Fußballen um 180° nach rechts. Während der Drehung bleiben die Fäuste seitlich an der Hüfte. Nun sollte A im rechten Hanmi stehen, in die entgegengesetzte Richtung schauen und auf das Zeichen „Zwei" warten.

Auf das Zeichen „Zwei" geht A mit dem rechten Fuß einen Schritt nach vorn, schwingt seine Arme wie bei „Eins" seitlich nach oben und setzt den linken Fuß an den rechten heran.

Unmittelbar darauf nimmt er seine Arme wieder seitlich hinunter, dreht um 90° nach links und wartet auf das Zeichen „Drei". Bei „Drei" geht er mit dem linken Fuß einen Schritt nach vorn, setzt den rechten Fuß an den linken heran und macht gleichzeitig mit den Armen IKKYÔ-UNDÔ. Wenn er seine Arme wieder nach unten bewegt, dreht er sich um 180° nach rechts, so daß er jetzt in die entgegengesetzte Richtung schaut. Auf das Zeichen „Vier" wiederholt er den gleichen Bewegungsablauf wie auf „Zwei". Bis jetzt hat sich A bei dieser Übung in vier der acht Richtungen bewegt. Auf das Zeichen „Fünf" geht er um 45° nach links und wiederholt die gleichen Bewegungen wie auf das Zeichen „Eins". Bei „Sechs" dreht er um 180° nach rechts; bei „Sieben" um 90° nach links und schließlich bei „Acht" wieder um 180° nach rechts. Nach jeder Drehung um 45°, 90° oder 180° macht A IKKYÔ-UNDÔ. Auf diese Weise hat er sich in alle acht Richtungen bewegt. Sehen Sie sich Zeichnung 3 an, in der diese acht Richtungen noch einmal dargestellt sind. Die Beinarbeit besteht lediglich aus dem Wechsel links, rechts, links, rechts.

Bei ZENGÔ-UNDÔ ist es relativ einfach, seinen Geist nach vorn oder nach hinten zu richten. IKKYÔ-UNDÔ in den acht Richtungen auszuführen, ist in einem langsamen Tempo ebenfalls noch leicht zu bewältigen. Aber Geist und Körper in acht Richtungen zu bewegen, wird ziemlich schwierig, sobald man sich sehr schnell bewegen will. Ob Geist und Körper in Einheit miteinander sind und in die richtige Richtung weisen, kann man anhand der folgenden Übung feststellen.

1. Üben Sie zu Anfang HAPPÔ-UNDÔ sehr langsam. Zählen Sie nicht zu schnell, so daß jeder Schüler im Dôjô in der Lage ist, dem Bewegungsablauf zu folgen.
2. Als nächstes suchen Sie sich für jede der acht Richtungen einen Punkt oder ein Zeichen in Augenhöhe aus. Es ist völlig gleich, was Sie sich als Markierung aussuchen; Sie sollten diese Zeichen allerdings leicht wiederfinden können, ob Sie die Übung nun im Freien oder in einem Raum machen. Beginnen Sie nun mit HAPPÔ-UNDÔ und versuchen Sie, währenddessen alle Punkte wiederzufinden, die Sie sich für jede der acht Richtungen ausgesucht haben. Die Tatsache, daß das Auge die Markierung findet, ist der Beweis dafür, daß auch Ihr Ki das Zeichen erreicht hat. Da das Auge das Zeichen aber nicht erkennen kann, wenn Ihr Ki nicht in diese Richtung fließt, können Sie sich selbst testen, ob Sie während der Übung in Einheit von Geist und Körper sind. Falls Sie nicht alle acht Punkte erkannt haben, konnten Sie die Einheit von Geist und Körper nicht aufrechterhalten.
3. Zählen Sie zu Anfang sehr langsam, und werden Sie erst allmählich schneller. Bei einem langsamen Tempo sollte jeder in der Lage sein, seine acht Punkte ausfindig zu machen. Zählt man dann schneller, so werden viele hektisch und fahrig in ihren Bewegungen und verlieren die Einheit von Geist und Körper. Dann ist auch das Auge nicht mehr fähig, die Markierungen zu erkennen.
4. Versuchen Sie jetzt, sich nicht mehr auf die Bewegungen des Körpers, sondern in dem Augenblick, in dem das entsprechende Zählzeichen gegeben wird, sich auf die jeweiligen Punkte in den acht Richtungen zu konzentrieren. Auf diese Weise wird der Körper automatisch der Bewegung Ihres Geistes folgen, und Geist und Körper bewegen sich gemeinsam. Auch wenn jetzt sehr schnell gezählt wird, kann Ihr Ki die Markierung erreichen, und Sie sind in der Lage, dem Zählrhythmus ohne Schwierigkeiten zu folgen. Kümmern Sie sich nicht zu sehr um die einzelnen Schritte. Da der Geist den Körper lenkt, wird der Körper in dem Augenblick, in dem sich der Geist in die richtige Richtung gedreht hat, von ganz alleine folgen.

Stellen Sie sich einmal vor, sämtliche Fähigkeiten und die ganze Kraft eines Menschen könne gemessen und beispielsweise durch die Zahl 10 ausgedrückt werden. A besitzt also eine Stärke von 10, sobald er Geist und Körper vereint und sich für eine bestimmte Aufgabe einsetzt. Wenn er bei HAPPÔ-UNDÔ auf das Zeichen „Eins“ seine gesamte Stärke von 10 in die richtige Richtung lenkt, bedeutet das, daß er wirklich sein Bestes gibt. Läßt er allerdings beim zweiten Zeichen die Hälfte seiner Stärke zurück, so hat das zur Folge, daß er in die folgende Richtung nur noch mit einer Stärke von 5 geht. Seine Kraft wird so beim Zeichen „Drei“ weiter abnehmen, und wenn er bei „Fünf“ angelangt ist, hat er schließlich seine ganze Kraft verloren. Das bedeutet, daß A nicht während der gesamten Übung seine volle Stärke von 10 einsetzt. Es bedeutet auch, daß er nicht sein Bestes gibt. Er gibt nur dann wirklich sein Bestes, wenn er sich in jede der acht Richtungen vollständig und mit allem, was er zur Verfügung hat, konzentriert. Bei jedem Zählzeichen muß er sofort die Richtung seines Geistes ändern, so daß er in jede neue Richtung mit der gesamten Stärke von 10 gehen kann. Wenn man das beherrscht, ist es gar nicht mehr schwierig, mit mehreren Angreifern gleichzeitig zurecht zukommen. Hat man den ersten zu Boden geworfen, kann man mit dem zweiten oder dritten problemlos fertig werden, weil man immer noch die gleiche Stärke zur Verfügung hat. Gibt man stets sein Bestes, so bekommt man genügend Selbstvertrauen, um mit jeder Zahl von Angreifern fertig zu werden.

Dasselbe gilt für unseren Alltag. Jeder von uns kann ein einzelnes schwieriges Problem lösen; tauchen aber drei oder vier Probleme gleichzeitig auf, ist man oft ratlos und weiß überhaupt nicht mehr weiter. Dann sollte man seine Fähigkeit nutzen, seinen Geist frei und unabhängig zu lenken und sich unmittelbar jedem auftauchenden Problem zu stellen. Da man jedes Problem mit seiner gesamten Stärke angeht, sollte man in der Lage sein, alle Schwierigkeiten der Reihe nach zu beheben. Aber dazu ist es notwendig, kontinuierlich zu üben, um seinen Geist beliebig bewegen und lenken zu können.

12. Zenshin-kôshin-undô

A befindet sich im linken Hanmi. Er schaut nach vorn und läßt Ki fließen. Mit dem rechten Zeigefinger zeigt er auf der Höhe seiner rechten Schläfe nach vorn (Abb. 78). Bei „Eins“ geht er auf den Zehen des linken Fußes so weit wie möglich zurück (Abb. 79), verlagert sein Körpergewicht auf den linken Fuß und führt den rechten an den linken Fuß heran. Der Zeigefinger bleibt in der Ausgangsstellung, das bedeutet, daß der rechte Arm jetzt ausgestreckt ist (Abb. 80).

B drückt nun A's Hand zurück. Solange dieser sein Ki nach vorn fließen läßt, ist er unbeweglich (Abb. 81).

Die meisten von uns ziehen ihr Ki beim Zurückgehen ebenfalls zurück. Es ist also sehr wichtig zu üben, Ki nach vorn fließen zu lassen, auch wenn man sich mit dem Körper nach hinten bewegt.

Bei „Zwei“ geht A einen kleinen Schritt rechts und einen großen Schritt links nach vorn und führt den rechten an den linken Fuß heran. Er legt den Zeigefinger an die rechte Schläfe und hat so wieder die ursprüngliche Haltung eingenommen. Er versucht dasselbe auf der anderen Seite und zählt dabei auf „Drei“ und „Vier“.

Nach mehrmaliger Wiederholung dieser Übung wird A gelernt haben, wie man zurückgeht und trotzdem Ki nach vorn fließen läßt. Dann übt A dasselbe noch einmal, ohne jedoch diesmal seinen Zeigefinger zu Hilfe zu nehmen. B kann A jetzt an der Schulter testen.

Ist man guter Dinge, so ist es relativ einfach und natürlich, Ki fließen zu lassen. Wichtig ist es jedoch, auch dann Ki fließen zu lassen, wenn man sich nicht so gut fühlt.

78

79

80

81

82

83

13. Kokyû-dôsa

A sitzt auf den Fersen und hält den Einen Punkt. Dann hebt er beide Hände mit ausgestreckten Fingern nach vorn.

B sitzt ebenfalls auf den Fersen und hält A's Handgelenke von außen fest (Abb. 82).

A läßt stark Ki durch seine Hände fließen und bewegt sich mit seinem ganzen Körper genau nach vorn. So kommt B aus dem Gleichgewicht und beginnt nach hinten zu fallen (Abb. 83).

Wenn A nun seine linke Hand ein klein wenig weiter ausstreckt als seine rechte, fällt B links neben A zu Boden. A folgt dieser Bewegung mit seinem ganzen Körper (Abb. 84), drückt mit seiner linken Hand das rechte Handgelenk seines Partners sanft auf den Boden und legt seine rechte Hand leicht auf die rechte Seite des Brustkorbes. Er sammelt seinen Geist im Einen Punkt und hält das Gewicht seiner Hände und Arme unten. So wird er zu einem unbeweglichen Felsen. B kann weder aufstehen noch kann er A nach hinten werfen (Abb. 85).

84

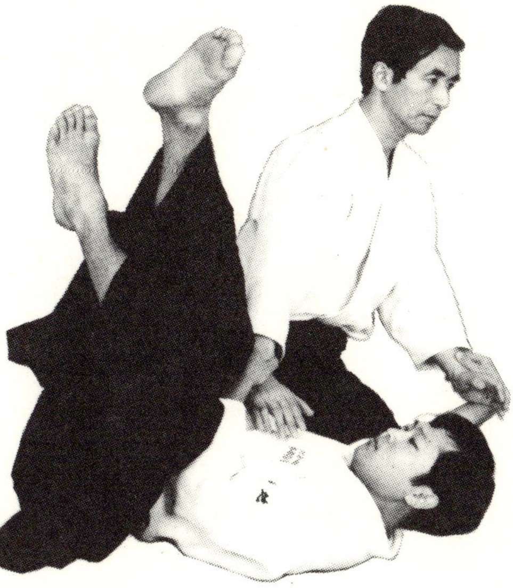

85

Kurz gesagt kontrolliert A seinen Partner B mit der Kraft der Einheit von Geist und Körper, d.h. mit der Kraft von Ki. Würde A versuchen, B nur mit körperlicher Kraft unten zu halten, wäre dieser in der Lage, sich sehr schnell zu befreien. Die richtige Art und Weise, einen Gegner am Boden festzuhalten, heißt im Japanischen *ki-de osaeru*, „mit Ki festhalten".

Diese Übung sollte nicht mit einem körperlichen Kraftspiel verwechselt werden. Will man die Muskeln trainieren, ist es viel sinnvoller, dieses an einem Baum im Garten auszuprobieren. Der Sinn dieser Übung besteht darin, sein Ki zu trainieren, indem man ganz stark vom Einen Punkt aus Ki fließen läßt. Will man einen Gegner besiegen, so heißt das nicht, daß man Kraft oder Gewalt anwenden muß, vielmehr sollte man das Ki des Gegners mit seinem eigenen starken Ki überwältigen. Um dazu in der Lage zu sein, müssen wir aber unser eigenes Ki kontrollieren können. Deshalb ist es wichtig, daß sich A seines Zustandes von Geist und Körper bewußt wird.

A sitzt auf den Fersen in SEIZA. Solange er den Einen Punkt hält, wird er sich nicht bewegen, auch wenn B von hinten oder vorn gegen seine Schulter drückt.

86

Als nächstes versucht B, A's Handgelenk nach oben zu heben. Das wird ihm nicht gelingen, solange A das Gewicht unten hält. Nun versucht B mit beiden Händen, A's linkes Knie hochzuheben. Das Knie dürfte ebenfalls nicht zu bewegen sein, weil das Gewicht unten ist.

A hebt nun beide Arme waagerecht gestreckt nach vorn. Die Finger sind ebenfalls gestreckt. In diesem Augenblick drückt B von vorn gegen den Brustkorb seines Partners. Auch diejenigen, die sich beim Test nicht bewegten, als die Hände unten waren, fallen normalerweise nach hinten, wenn sie die ausgestreckten Arme nach oben bewegen. Das bedeutet aber, daß sie dies nicht auf die richtige Art und Weise tun.

Stellen Sie sich wieder vor, man würde einen kräftigen Wasserstrahl durch einen Feuerwehrschlauch pumpen. Wollen wir die Richtung des Wasserstrahls verändern, fassen wir den Schlauch natürlich vorn an der Düse an. Wenn A also seine Arme hochhebt, sie vollkommen entspannt und von seinen Fingerspitzen ausgehend bewegt, wird sein Ki ganz kräftig durch die Fingerspitzen hindurch nach außen fließen. Gleichzeitig bleibt das Gewicht der Arme unten, und A wird sich nicht bewegen, wenn B von vorn gegen seinen Brustkorb drückt. Falls A jedoch seine Hände nachlässig hochhebt und diese Bewegung von den Schultern oder Oberarmen ausgeht, verliert er sofort den Einen Punkt (Abb. 86).

Der Eine Punkt ist vergleichbar mit der Wasserpumpe; beide Arme sind die Schläuche und die Fingerspitzen die Düsen, durch die das Ki nach außen strömt. In Abb. 82, in der beide sich gegenübersitzen und B A's Handgelenk hält, kann A ihn mit seinem Ki noch nicht erreichen. Wenn das Wasser aus einem richtigen Feuerwehrschlauch ein zu löschendes Feuer gar nicht erreicht, wäre es ziemlich sinnlos, den Schlauch von der Pumpe wegzuziehen, um ihn näher ans Feuer zu bringen. Naheliegender wäre es, die Pumpe selbst näher an den Brandherd zu tragen. Ähnlich ist es, wenn A in der oben beschriebenen Sitzhaltung versucht, B nur mit den Händen nach unten zu drücken; das wäre so, als wolle man den Schlauch näher ans Feuer tragen und die Pumpe zurücklassen. In diesem Falle würde A's Ki abgeschnitten.

Bei dieser Übung geht es also nicht darum, die Hände in irgendeine Richtung zu bewegen. Stattdessen geht man vom Einen Punkt aus auf den Partner zu. Man beeinflußt den Partner damit, daß man ganz stark Ki fließen läßt. So wird er ohne weiteres nach hinten fallen.

Würde man versuchen, den Übungspartner ganz gerade nach hinten zu drücken, bekäme man dessen Füße direkt ins Gesicht. Bringt er jedoch B wie in Abb. 84 zu Fall, werden sich seine Füße seitlich nach außen bewegen, und A braucht nicht mehr zu befürchten, getreten zu werden. Zudem ist es für B einfacher zu fallen, wenn A ihn auf die beschriebene Weise wirft. Wirft er B zur linken Seite, könnte sich A dazu verleitet fühlen, Kraft einzusetzen und B mit seiner rechten Hand zu drücken und mit seiner linken B's rechte Hand zu sich herzuziehen. Das sollte er aber in jedem Falle vermeiden. Wenn er nämlich durch seine rechte Hand Ki nach außen fließen läßt, durch seine linke jedoch Ki nach innen zieht, wäre seine rechte Hand vergleichbar mit einer positiven Kraft und seine linke mit einer negativen; die Wirkung wäre also gleich null.

A sitzt auf den Knien, streckt seine linke Hand nach vorn und läßt sie von B festhalten. Versucht A, B's Hand nach hinten zu drücken, wird er mit dessen Kraft kollidieren. Diese Übung wäre dann nichts weiter als ein Wettstreit um die größere körperliche Kraft.

Um eine Kollision mit B's Hand zu vermeiden, bewegt sich A mit seinem ganzen Körper nach vorn, während er durch die Fingerspitzen der linken Hand stark Ki fließen läßt. Seine Fingerspitzen sind leicht am Körper des Partners vorbei nach außen gerichtet. So wird B sich von ganz alleine nach hinten bewegen.

Das bedeutet, solange er B mit der rechten Hand drückt oder ihn mit der linken Hand zu sich herzieht, bringt er ihn nicht zu Fall. B fällt nur dann, wenn A B's Ki erst zu dessen rechten Seite und nach hinten führt. Wenn A's rechte Hand B folgt und er sie in dem Moment ausstreckt, in dem B zu fallen beginnt, wird dieser um so schneller am Boden liegen.

14. Kata-tori Ikkyô

Irimi

A steht im linken Hanmi und bietet B seine linke Schulter an. Es sieht so aus, als könne B sie mit seiner rechten Hand mühelos greifen (Abb. 87). In dem Augenblick, in dem B mit seiner rechten Hand die Schulter greifen will, geht A links einen Schritt zurück und führt gleichzeitig mit seiner rechten B's Hand nach unten. Nun führt A seinen rechten Fuß an den linken heran und schafft auf diese Weise Abstand zwischen sich und dem Angreifer (Abb. 88). A nimmt die Finger der angreifenden Hand in seine rechte und schwingt diese in einem Bogen über dessen Kopf (Abb. 89). Danach führt er die Hand wieder mit Schwung nach unten und hält B's rechten Oberarm mit seiner linken Hand wie in Abb. 90. Wenn er dann mit seinem linken Fuß einen Schritt nach vorn geht und mit dem rechten folgt, kann er den Angreifer mit dem Gesicht nach vorn zu Boden führen (Abb. 91).

Nun kann aber folgendes passieren: nachdem A B's rechten Arm in eine Kreisbewegung geführt hat und unten hält, sammelt B sich in seinem Einen Punkt und entspannt seinen rechten Arm vollkommen. Versucht er nun, B nach unten zu drücken, wird seine ganze Kraft in B's Einem Punkt absorbiert und fließt durch das rechte Bein nach außen weg, und ganz gleich wie sehr er sich jetzt anstrengt, wird er ihn auf diese Weise doch nicht zu Boden bringen können.

In einem solchen Fall hört A sofort auf zu versuchen, B mit Gewalt nach unten zu drücken. Er beläßt seine Hände in der beschriebenen Stellung und hält B's rechten Arm weiterhin unten. Dann, in aufrechter Körperhaltung, lenkt er sein Ki ganz gerade nach

87

88

89

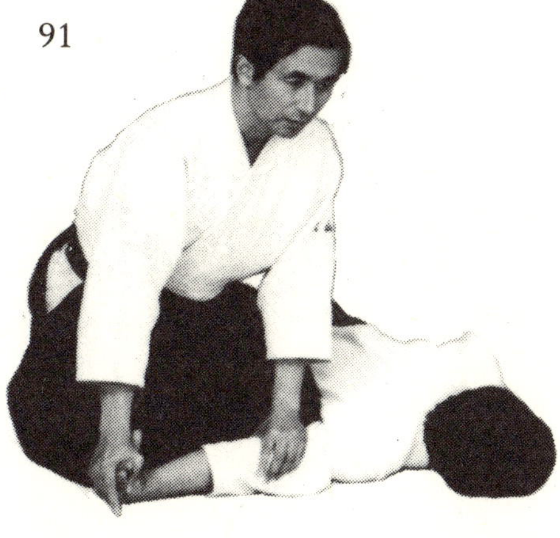
91

90

vorn und macht zunächst mit dem linken, dann mit dem rechten Fuß einen großen Schritt. Das hat zur Folge, daß B von ganz alleine nach vorn fällt. In diesem Fall hat er B nicht mit Gewalt zu Boden gebracht, sondern seinen Geist gelenkt. Bei dieser Übung sollte A sich ständig darauf konzentrieren, den Geist seines Partners zu lenken. Da er sein Ki nach vorn gerichtet hat, wird B's Ki ebenfalls nach vorn geführt. Und auf diese Weise wird B, wenn A mit seinem Körper nach vorn geht, ihm widerstandslos folgen. Da A aufrecht steht, kann er bequem einen großen Schritt nach vorn machen. B jedoch kann, da sein Körper nach vorn gebeugt ist, seine Beine nicht so gut bewegen. Will er nach vorn gehen, wird er zu Boden fallen. Kurzum, wenn A zuerst den Geist des Angreifers lenkt, kann er ihn danach ohne Schwierigkeiten zu Boden führen, ohne überhaupt irgendwelche Kraft anwenden zu müssen.

Der Geist lenkt den Körper. Wenn es auch schwierig ist, den Körper eines Gegners zu bewegen, wird er doch, wenn Sie seinen Geist führen, bereitwillig folgen. Im Geschäftsleben geschieht etwas Ähnliches: wenn der Chef seine Leute anweist, hart zu arbeiten, während er selbst die Hände in den Schoß legt, werden die Arbeiter sicherlich zu Recht protestieren. Arbeitet der Chef aber selbst sehr hart, werden ihm seine Untergebenen ganz von selbst folgen.

Übung

A kann den folgenden Bewegungsablauf nun für sich alleine üben. Er stellt sich in Hanmi links und streift mit seiner rechten Hand auf das Zeichen „Eins“ an seiner linken Schulter hinunter, so als wolle er sie mit einer Bürste abbürsten. Gleichzeitig geht er mit dem linken Fuß einen Schritt zurück und führt den rechten Fuß an den linken heran — so kommt er in Hanmi rechts. Die rechte Hand hält er mit dem kleinen Finger nach außen gerichtet unten.

Nun testet B A's rechte Hand, indem er sie in Richtung seiner Schulter hochzuheben versucht. Hat A den Arm angespannt, wird er sich ohne weiteres bewegen lassen. Hält er aber den Einen Punkt und entspannt sich, kann B seine Hand nicht nach oben drücken. A wiederholt diesen Übungsteil mehrere Male, und zwar auf der rechten wie auf der linken Seite. Als nächstes beschreibt A auf das Zeichen „Zwei“ mit beiden Armen einen großen Bogen. Wenn beide Arme nach unten schwingen, dreht er sich mit der Hüfte nach rechts, so daß die rechte Hand seitlich am rechten Oberschenkel und die linke Hand vor dem Körper ist. Bei „Drei“ macht A mit dem linken Fuß einen großen Schritt nach vorn. Dann läßt er sich auf sein rechtes Knie hinunter und legt beide Hände auf den Boden; dabei bleiben die Zehen aufgestellt. B testet A an der Schulter, indem er sie nach hinten drückt. Solange A angespannt ist, wird er nach hinten fallen. B kann jetzt auch die Hände seines Partners nach oben drücken. Solange A aber den Einen Punkt hält und die Arme entspannt, wird er sich nicht bewegen lassen.

Wiederholen Sie die gesamte Übung auf beiden Seiten in diesem Rhythmus.

links: Koichi Tohei beim Unterrichten der Prinzipien des Schwerts (2)

気

92

Tenkan

Wenn B versucht, A's linke Schulter zu greifen, zieht dieser seinen linken Fuß zurück und leitet mit seiner rechten Hand die rechte Hand des Angreifers nach unten wie bei Irimi (Abb. 92 und 93).

A faßt die Finger der angreifenden Hand und führt sie mit Schwung nach oben über B's Gesicht (Abb. 94).

Dann springt er rechts hinter B (Abb. 95), dreht seine Hüfte ganz stark nach rechts, während er die Rückwärtsbewegung weiterführt und schwingt zur selben Zeit seine rechte Hand herum und zur rechten Seite hinunter und folgt schließlich mit seiner linken Hand dieser Bewegung (Abb. 96). Dadurch wird B gezwungen, sich außen auf einer Kreisbahn zu bewegen und zu Boden zu gehen (Abb. 97).

Ab den Schlüsselpositionen in Abb. 88 bzw. 93 kann A sowohl IKKYÔ IRIMI als auch IKKYÔ TENKAN ausführen. Falls ein weiterer Gegner von hinten angreifen will, ist es besser, sich für TENKAN zu entscheiden. Denn dann wird dieser zweite Angreifer wahrscheinlich B am Kopf treffen und nicht A. Üben Sie IRIMI und TENKAN sehr sorgfältig und ausführlich, und zwar sowohl rechts als auch links.

Übung

A kann auch die TENKAN-Form für sich alleine üben. Er stellt sich im linken Hanmi hin, zählt „Eins" und streift an seiner eigenen linken Schulter herunter. Dabei geht er einen Schritt zurück.

93

94

Bei „Zwei“ nimmt er beide Arme mit Schwung nach oben, geht mit dem rechten Fuß ein kleines Stück nach vorn und führt den linken Fuß nach. Dann dreht er und schwingt dabei beide Arme nach unten, bis beide Hände und das linke Knie den Boden berühren. A sollte hier unbeweglich sein, auch wenn B ihn an den Händen nach oben oder an der Hüfte nach unten drückt.

95

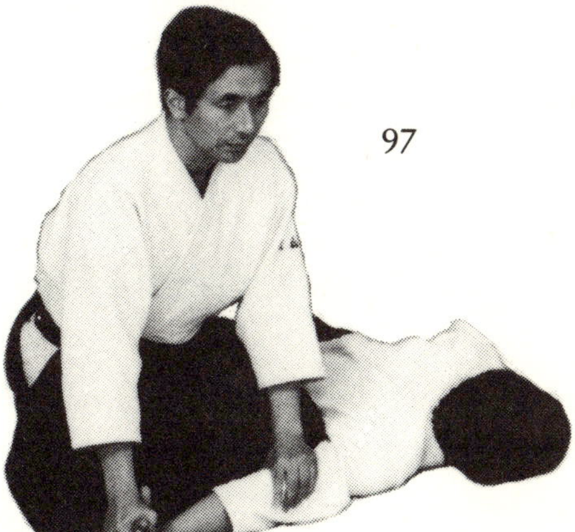

97

96

98

99

15. MUNE-TSUKI KOTE-GAESHI

A steht im linken Hanmi und dreht sich mit seinem Oberkörper dem Angreifer zu, so daß es scheint, als könne dieser mühelos seine Brust oder Schulter mit einem Schlag treffen. A wartet auf B's Schlag (Abb. 98).

B geht rechts einen Schritt nach vorn, um A's Brust treffen zu können. Aber kurz bevor die Faust ihn berührt, macht A auf den Fußballen eine Drehung nach rechts. So verfehlt er ihn, und der Schlag geht ins Leere (Abb. 99).

Nun dreht A seine Hüfte noch weiter nach rechts, während er mit dem rechten Fuß rechts nach hinten geht. Gleichzeitig faßt er mit seiner linken die angreifende Hand und führt sie weiter nach vorn in die Richtung, die sie bereits geschlagen hat. B wird dadurch aus dem Gleichgewicht gebracht. Durch die Zentrifugalkraft fällt er nach vorn und bewegt sich rechts um A herum (Abb. 100).

A sollte mit seiner linken Hand B's rechtes Handgelenk halten und in dem Augenblick, in dem jener vor ihm vorbeiläuft, beugen. Die rechte Hand legt er auf die gebeugte Hand des Angreifers und folgt damit der Abwärtsbewegung, während B auf den Rücken fällt (Abb. 101).

Sobald B mit seinem Körper auf dem Boden aufschlägt, sollte A sofort B's rechtes Handgelenk mit seiner linken Hand etwas anheben. Gleichzeitig schwingt er seine rechte Hand nach unten und hält B's rechten Ellenbogen fest (Abb. 102).

100

101

Ohne B's Ellenbogen und Handgelenk loszulassen, läuft er links um ihn herum. In dem Moment, in dem B's rechte Hand sich oberhalb seines Kopfes befindet, bewirkt die Drehung des Ellenbogens, daß er sich umdreht und auf dem Bauch zu liegen kommt. Um die Technik nun zu vervollständigen, hält A B's rechtes Handgelenk in seiner linken Armbeuge und beugt mit seiner Hand den Ellenbogen in die natürliche Richtung. Dann stellt A sich vor, der Arm seines Partners würde an seinem Körper kleben und bewegt sich mit seinem ganzen Körper in Richtung von B's Kopf. Sobald dieser einen stechenden Schmerz an der Schulter verspürt, muß er sofort mit der freien Hand auf den Boden klopfen. Dann wird A die Bewegung stoppen und B aus dem Griff freilassen (Abb. 103).

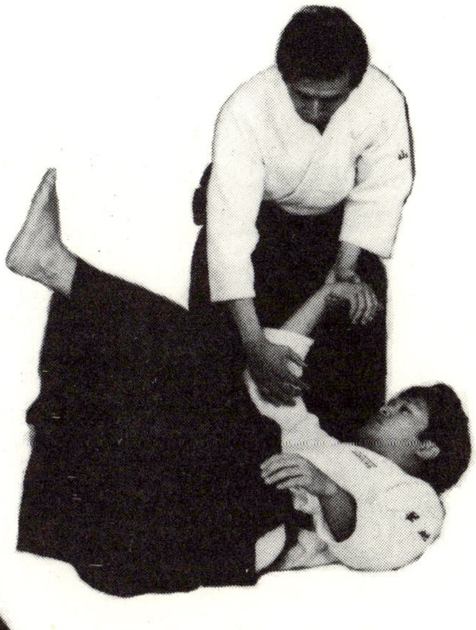

102

103

4

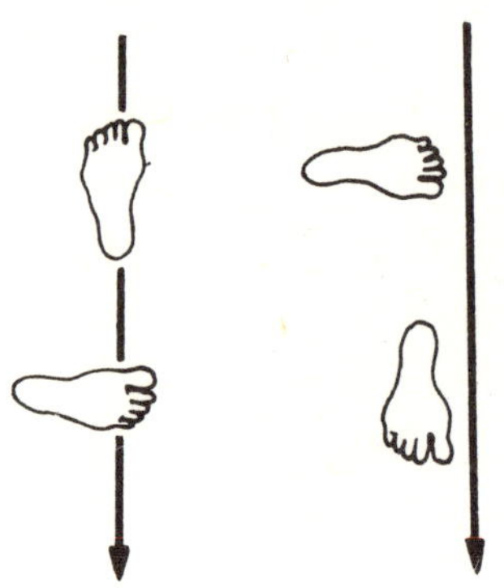

A steht B zugewandt im linken Hanmi. B versucht, A, dessen Füße auf B's Angriffslinie (s. Zeichnung 4 a) stehen, mit einem Schlag auf den Brustkorb zu treffen. Der Pfeil zeigt die Richtung des Angriffs an. Der Schlag würde A treffen (Abb. 104). Wenn er jedoch die Hüfte auf den Fußballen nach rechts dreht, gehen seine Füße automatisch aus der Angriffslinie heraus (s. Zeichnung 4 b). So kann A sich vor Angriffen schützen. Wenn er also auch nur eine kleine Drehung mit der Hüfte macht, geht der Schlag vollkommen ins Leere (Abb. 105).

104

105

Ma-ai

Ma-ai ist eines der wesentlichen Prinzipien beim Kampf ums Überleben, mit anderen Worten, Ma-ai kann über Sieg oder Niederlage entscheiden. Kurz gesagt bezieht sich Ma-ai auf das richtige Verhältnis in Bezug auf Abstand und Zeit. Wenn man richtiges Ma-ai einhält, kann man weder von der Faust noch dem Fuß eines Gegners getroffen werden, es sei denn, dieser würde einen Schritt nach vorn gehen. In Ma-ai kann man zwar vom hinteren Fuß des Gegners getroffen werden, aber um mit diesem Fuß zu treten, müßte er erst sein ganzes Gewicht auf seinen vorderen Fuß verlagern, was gleichbedeutend wäre mit einem Schritt nach vorn.

Wenn A da steht, wo B ihn mit seiner rechten Hand treffen kann, ohne einen Schritt machen zu müssen, kann er ihm auch mit der linken Hand oder dem vorderen Fuß einen Schlag oder Tritt versetzen. Außerdem kann B erst mit seiner rechten Hand schlagen und dann blitzschnell mit seiner linken Hand einen zweiten Schlag nachsetzen. Oder er kann so tun, als wolle er mit der Faust schlagen, in Wirklichkeit aber versetzt er dem anderen einen Tritt mit dem Fuß. Auch wenn A anfangs mit den Händen oder durch eine Drehung seines Körpers nach rechts oder links diese Angriffe abwehren kann, wird er doch nicht in der Lage sein, über längere Zeit einem Hagel von Schlägen standzuhalten. Hält er aber von Anfang an das richtige MA-AI ein, braucht er nichts anderes zu tun als abzuwarten, bis B aus seiner Ausgangsstellung auf ihn zugeht. Er braucht sich ja nicht gegen einen Schlag oder Stoß zu verteidigen, der ihn gar nicht erreichen kann.

A sollte sich im Einen Punkt sammeln und versuchen, B's Ki zu kontrollieren. Das geschieht dadurch, daß er lernt, das Ki des Partners zu sehen und von sich abzuhalten, indem er sein eigenes starkes Ki ständig und stark fließen läßt. Auf diese Weise ist er in der Lage, auch die winzigsten Regungen des Ki des Angreifers ausfindig zu machen. Da die Bewegung dieses Ki in dem Augenblick eindeutig und sichtbar ist, in dem der Angreifer beschließt, einen Schritt nach vorn zu gehen oder mit dem hinteren Fuß zu treten, hat A reichlich Zeit, sich auf den Angriff einzustellen und seinen nächsten Schritt vorzubereiten.

Wenn B auf A zugeht und dabei Schritt für Schritt den Abstand zwischen sich und dem anderen verringert, kann A einfach dadurch richtiges MA-AI aufrechterhalten, indem er selbst Schritt für Schritt zurückgeht. Dabei muß er aber genauestens darauf achten, weiterhin Ki nach vorn fließen zu lassen. Falls nun aber B zurückweicht, kann A dieser Bewegung folgen, um MA-AI zu wahren. Würde B versuchen, dieses MA-AI plötzlich zu zerstören, kann A unmittelbar hineingehen und ihn sofort werfen oder am Boden festhalten. Man sollte Aikidô sollte immer so üben, daß man aus einer MA-AI-Position die Möglichkeit hat, direkt hinter den Angreifer zu gelangen.

In den folgenden Beispielen wird erklärt, wie man ausfindig machen kann, wann sich das Ki des Partners bewegt, noch bevor dieser sich körperlich tatsächlich bewegt hat.

Wenn A zwischen sich und seinem Gegenüber MA-AI geschaffen hat, stellt er sich in Hanmi links. Nun geht B plötzlich mit dem rechten Fuß einen Schritt nach vorn und schlägt mit seiner rechten Faust gegen den A's Brustkorb. Da wir ja nur üben, sollte er ihm selbstverständlich nicht wirklich einen Schlag versetzen, sondern seine Faust unmittelbar vor der Körperberührung anhalten. A hat also keine Angst, bei dieser Übung von B getroffen zu werden und kann jetzt erst einmal üben, unbeweglich und ruhig zu bleiben. Er sollte sich darauf konzentrieren, sowohl körperlich als auch geistig ganz ruhig und unbeweglich zu sein und sich noch nicht einmal einen Millimeter zu bewegen. Das wird ihm gelingen, wenn er den Einen Punkt hält. Tut er dies nicht, wird er zusammenzucken und unweigerlich sein Ki zurückziehen, sobald B ihn mit einem plötzlichen Angriff überrascht. A muß zunächst einmal lernen, einen vollkommen ruhigen Geist zu bewahren, während B übt, ganz schnelle Schläge auszuführen.

Ein vollkommen ruhiger Geist ist wie die glatte Oberfläche eines ruhigen Gewässers oder wie ein glänzend polierter Spiegel. Jede auch noch so winzige Bewegung wird unmittelbar darin widergespiegelt. Daher kann selbst die schnellste und kleinste Bewegung eines Angreifers dem geistigen Auge nicht entgehen, solange der Geist vollkommen ruhig ist.

Nachdem A nun auf diese Weise geübt hat, ganz ruhig zu bleiben, ruft er in dem Augenblick, in dem er wahrnimmt, daß B schlagen will, kurz und deutlich „Ja!“ Berührt B's Hand aber schon seine Brustkorb, wenn er „Ja!“ sagt, so bedeutet das, daß er in einem richtigen Kampf bereits niedergeschlagen worden wäre. Es bedeutet auch, daß er nur auf die Bewegung der Hand seines Gegners geachtet hat, anstatt sich darauf zu konzentrieren, die Bewegung seines Ki zu erkennen. Seine Reaktion darauf ist demnach viel zu langsam, deshalb kann B ihn mit seinem Schlag treffen.

Da der Geist den Körper lenkt, muß B zuerst einmal motiviert sein, einen Schlag auszuführen. Der Wunsch zu schlagen gibt den Anstoß für eine Bewegung. Gleichgültig wie schnell B versuchen sollte, A zu schlagen: es wird immer Zeit verbleiben zwischen dem Moment, in dem sein Ki ihn dazu bringt, den Angriff auszuführen, und dem Augenblick, in dem seine rechte Hand A's Brustkorb erreicht. Wenn A auf diese Weise übt, wird er sehen können, daß die Hand seines Angreifers ihn ein bißchen später als in dem Moment, in dem er „Ja!“ sagt, erreicht. Mit diesem Bruchteil einer Sekunde Vorwarnung ist es für A relativ leicht, die Hand des Angreifers abzuwehren oder sich wegzudrehen. A sollte diese Übung so lange machen, bis er das erforderliche Timing gut beherrscht.

Jetzt geht B einen Schritt nach vorn und versucht nun tatsächlich, A mit einem Schlag auf den Brustkorb zu treffen. A sagt nun nicht mehr „Ja!“, sondern schlägt, ohne sich zu bewegen, mit seinem linken Arm das Handgelenk oder den Unterarm des Angreifers von oben nach unten weg, kurz bevor die Faust seinen Körper treffen würde. Wenn A vor dem Schlag seinen Arm erst nach oben schwingt und dann nach unten, ist es bereits zu spät, und B kann ihn treffen. Es besteht überhaupt keine Notwendigkeit, eine Aufwärtsbewegung „Eins“ zu machen, um Kraft zu erzeugen für eine Abwärtsbewegung „Zwei“, solange A den Einen Punkt hält und sich vollkommen entspannt. In diesem Zustand befindet sich nämlich das Gewicht seines linken Armes natürlicherweise unten, und deshalb ist dieser Schlag auch extrem wirksam. Sollte A versuchen, mit Kraft nach unten zu schlagen, spannt er seinen Arm dadurch automatisch an und hemmt damit seine Bewegung. Infolgedessen wird ein solcher Schlag auf das Handgelenk des Angreifers wenig Wirkung zeigen. Entspannt A dagegen seinen linken Arm und läßt Ki fließen, dann wird B bei dem plötzlichen Schlag auf seinen Unterarm wie durch einen Elektroschock einen kurzen, stechenden Schmerz verspüren. Auf diese Weise wird sein Ki für einen Augenblick lang abgeschnitten.

A kann dasselbe tun, wenn B versucht, ihn zu treten. Schlägt er, kurz bevor der Fuß des Angreifers ihn berührt, nach unten, so wird er ihn ungefähr am Knöchel treffen. Am Bein ist man viel schmerzempfindlicher als an der Hand. Wenn er also mit entspanntem Arm und viel Ki den Angreifer auf das Bein oder den Fuß schlägt, kann er ihn damit ganz sicherlich davon abbringen, erneut zu treten.

A führt beim Schlagen nach unten seinen Arm direkt vor seinem Körper nach unten, ohne die Schultern zu bewegen. Dadurch geht seine Hand reflexartig wieder nach oben, und er ist bereit für den nächsten Angriff. Das bedeutet, daß A nichts verliert, selbst wenn der Angreifer seine Hand sofort zurückzieht und A sie verfehlt. Andererseits wäre es recht gefährlich, würde A auf die Hand des Angreifers zielen und versuchen, sie mit Gewalt zu treffen. Er würde nämlich bei einem Fehlschlag sein Gleichgewicht verlieren. Wenn er sich aber stets darauf beschränkt, sich nur zu verteidigen, anstatt seinerseits B zu schlagen, wird dies nicht passieren.

Irimi-ate

A steht im linken Hanmi und sagt jetzt, wie bereits zuvor, nicht mehr „Ja!", wenn sich das Ki des Angreifers bewegt, sondern schwingt seine linke Faust von unten nach oben und stößt sie in die rechte Seite des Angreifers, wenn dieser auf ihn zukommt. Dieses Prinzip bezeichnen wir als Irimi-ate, weil der Schlag (jap. *atemi*) gegen den Körper in der Irimi-Form ausgeführt wird. Bei der Anwendung dieser Technik trifft seine Faust ganz gerade auf die rechte Körperhälfte des Angreifers, dagegen wird die angreifende Hand A's Brust nur ganz leicht streifen. Sollte A versuchen, B zu schlagen, nachdem er dessen Hand abgewehrt oder blockiert hat, kann B seinerseits ganz leicht einen Gegenangriff starten. Wenn A sich aber gar nicht um B's Faust kümmert, sondern einfach seine linke Faust im Augenblick des Angriffs in die Seite des Angreifers stößt, hat B keine Möglichkeit mehr, sich zu verteidigen (Abb. 106).

106

Warum kann A seinen Schlag mit der Faust ausführen, bevor ihn die Hand des Angreifers erreicht, obwohl doch dieser den ersten Schritt macht, um A zu schlagen, und A sich erst danach in Bewegung setzt? Die Gründe dafür will ich im folgenden erklären.

Die Faust des Angreifers kommt geradewegs auf A zu. Dieser hat seinen linken Arm seitlich an der Hüfte; der Arm ist unbeugbar, weil er durch ihn Ki fließen läßt. Bei der Ausführung von IRIMI-ATE schwingt A seinen linken, unbeugbaren Arm direkt auf B zu, ohne den Arm zuvor anzuwinkeln. Läßt A jedoch durch diesen Arm kein Ki fließen, kann er B nicht wirklich gut treffen. Ohne Ki müßte er nämlich seinen Arm erst einmal beugen, um für einen Schlag genügend Kraft zu erzeugen. In diesem Fall jedoch ist er bereits eine Zeiteinheit hinter B, der so die Gelegenheit bekommt, als erster zu treffen.

Wenn also A, im linken Hanmi, Ki fließen läßt und B mit seinem linken ausgestreckten Arm in der richtigen Weise schlägt, dreht er sich automatisch noch weiter nach rechts. Durch diese Bewegung geht er ganz von selbst aus B's Angriffslinie hinaus, und B's Faust streift seine Brust nur ganz unerheblich. Da A außerdem IRIMI-ATE ausführt und aus dem ganzen Körper Ki fließen läßt, wird das Ki des Angreifers einfach zur Seite geschoben, und A kann nicht verletzt werden.

Als nächstes dreht A, anstelle von „Ja!", seine Hüfte nach rechts, sobald er B's Ki bemerkt. Die Faust des Angreifers wird an seinem Körper vorbeigehen, nachdem dieser sich bewegt hat. Selbst wenn B vielleicht manchmal diese Bewegung bemerken sollte, kann er, wenn sich sein Ki einmal bewegt, seine Richtung nicht mehr verändern. Seine Bewegung ist vergleichbar mit einem Pfeil, der, wenn er einmal vom Bogen abgeschossen ist, nicht auf halbem Wege seine Richtung verändern kann. Sobald A das oben beschriebene Timing beherrrscht, d.h. genau abschätzen kann, wann sich das Ki des Angreifers bewegt („Ja!"), wird er auch bei einem blitzschnellen Angriff genügend Zeit haben, sich wegzudrehen und dem Angriff aus dem Wege zu gehen.

Als nächstes wollen wir üben, wie man die Hand des Angreifers faßt und anschließend richtig führt. A sollte die Hand des Angreifers nicht so fassen, daß er mit dessen Kraft in Kollision gerät. Das wäre so, als wolle man einen stark strömenden Fluß stauen; B's gesamte Kraft würde über A hereinbrechen. Denn wenn B erst einmal spürt, daß er gestoppt wird, wird er, auch wenn A seine rechte Hand festhält, sofort mit seiner linken Hand oder mit den Beinen angreifen. Wenn A jedoch, statt die rechte Hand des Angreifers zu stoppen, sie unbehelligt läßt und in die Richtung führt, die durch das Bewegungsmoment des Angriffs vorgegeben ist, kann B ihn mit seiner linken Hand nicht mehr angreifen. Diese bewegt sich nämlich nach hinten, wenn sein Körper nach vorn fällt. Und da er sein Gleichgewicht verliert, kann er A auch keinen Tritt mit dem Fuß versetzen. Daraus folgt, daß A B's rechte Hand so fassen muß, daß er sein Ki in dieselbe Richtung lenkt, in die der Schlag geführt wird.

B steht im rechten Hanmi und streckt seine rechte Hand geradeaus. A steht rechts neben B und formt aus Daumen, Ringfinger und kleinem Finger der linken Hand einen Kreis. Er läßt seine Hand an B's rechtem Arm vom Oberarm bis zum Handgelenk hinuntergleiten. Seine Hand wird ganz automatisch das Handgelenk zu fassen bekommen, denn die Faust ist breiter als das Handgelenk. Ohne jetzt an dieser Stelle anzuhalten, führt A B's rechten Arm nach vorn in die Richtung, in die seine Hand weist. Wenn A den Partner auf diese Weise führt, kann er ihn zum Vorwärtsfallen bringen (Abb. 107).

Sollte A versuchen, B's Hand mit Daumen, Zeige- und Mittelfinger zu fassen, wird seine Hand sicherlich abrutschen und das Handgelenk des Angreifers nicht zu fassen bekommen. Spannt er zudem noch seine Finger an, so verlagert sich seine Kraft in die Schulter, so daß er den Einen Punkt verliert. Außerdem bewegt sich dadurch das Gewicht seines Armes nach oben, so daß es ihm nicht möglich sein wird, die Hand des Angreifers sicher zu halten. Benutzt er aber Daumen, Ringfinger und kleinen Finger für den Griff, bleibt das Gewicht seines Armes unten. So kann er von einem starken Zentrum ausgehen und den Angreifer durch das Strecken des Unterarms nach vorn fallen lassen, sobald seine Finger B's Handgelenk zu fassen bekommen haben.

107

Als nächstes üben wir, das Handgelenk für KOTE-GAESHI zu beugen.

B macht eine ganz starke Faust und stößt sie nach vorn. A hält das Handgelenk mit Daumen, Ringfinger und kleinem Finger der linken Hand fest und setzt nun auch seine rechte Hand ein, um die Faust des Partners beugen und KOTE-GAESHI anwenden zu können. Da B seine Kraft im Zentrum seines Handgelenks konzentriert, wenn er die Hand zur Faust ballt, fließt auch sein Ki durch das Handgelenk. A kann es daher nicht einfach durch bloße Kraftanwendung beugen.

B's Ki ist eingerollt und fließt an den Fingern seiner Faust entlang. Um B zu werfen, muß A daher dieser Ki-Richtung folgen. Er hält B's Handgelenk mit Daumen, Ringfinger und kleinem Finger so, als wolle er es leicht dehnen. Dann legt er den Mittelfinger seiner rechten Hand ganz leicht auf das Gelenk von B's rechtem Mittelfinger und läßt seinen an dessen Mittelfinger hinabgleiten. Dadurch bringt er B dazu, seinen Finger tiefer in die Faust hineinzurollen und kann dadurch das Handgelenk nach unten führen, wobei er weiterhin der Richtung der Finger folgt. Da A der Richtung des Ki seines Partners folgt, kann dieser nicht widerstehen. Sein Handgelenk wird gebeugt, und er fällt zu Boden. A kann KOTE-GAESHI bei einem stärkeren Gegner erst dann erfolgreich anwenden, wenn er dieses Prinzip verstanden hat.

A hat nun die oben beschriebenen Übungen ausführlich praktiziert und kann sie in einem kontinuierlichen und flüssigen Bewegungsablauf üben. In dem Augenblick, in dem das Ki des angreifenden B seinen Brustkorb erreicht, dreht A sich unter Zuhilfenahme des „Ja"-Timings nach rechts. Gleichzeitig faßt er das Handgelenk des Angreifers und führt ihn in einer kreisförmigen Bewegung nach rechts. Während B sich um A herum bewegt, vollendet dieser in dem Augenblick, in dem sich B genau vor ihm befindet, KOTE-GAESHI.

Auch wenn B ihn ins Gesicht schlagen oder andere Körperteile treffen will, kann A ihn nun mit dieser Technik werfen. Anstatt das Handgelenk unmittelbar greifen zu wollen, hat A nun gelernt, es dadurch zu fassen, daß er seine Hand von der Schulter des Angreifers aus an dessen Arm hinabgleiten läßt, so daß er automatisch das Handgelenk zu fassen bekommt. Denn B kann zwar seine Faust beliebig nach oben oder unten bewegen, aber die Schultern sind weniger beweglich. Daher ist es für A sehr viel einfacher, B's Handgelenk zu fassen, indem er seine Hand von der relativ starren Schulter aus am Arm hinabgleiten läßt. Wenn B also versucht, A mit seiner Faust ins Gesicht zu schlagen, läßt dieser seine Hand nach oben gleiten, um B's Handgelenk zu greifen, oder eben nach unten, falls er ihm einen Schlag in die Bauchgrube versetzen will. In beiden Fällen kann A KOTE-GAESHI anwenden, wenn er an der Schulter beginnt und dem Arm folgt. A befindet sich jedenfalls außer Gefahr, da er sich auch aus der Angriffslinie weggedreht hat.

Es gibt viele verschiedene Verteidigungsbewegungen und -techniken, die man gegen Hände und Beine des Angreifers anwenden kann. Ihnen allen ist jedoch wesentlich gemeinsam, daß man geübt hat, die Bewegung des Ki des Angreifers wahrzunehmen.

Reagiert man erst, wenn man eine Bewegung der Hand oder des Beins des Angreifers sieht, ist es bereits zu spät. Selbstverteidigung ist nur möglich, wenn man die Absicht oder das Ki des Gegners erkennen kann. Unfähigkeit, das Ki des anderen zu sehen, ist gleichbedeutend mit der Unfähigkeit, sich zu verteidigen. So wie die vom Wind aufgewühlte Oberfläche eines Teichs nichts klar widerspiegeln kann, so kann auch ein aufgeregter, durch die Bewegung einer gegnerischen Hand oder eines angreifenden Arms aus der Fassung gebrachter Geist die wahre Absicht des Gegners oder die Bewegung seines Ki nicht erkennen.

Bemühen Sie sich also immer, den Einen Punkt zu halten, MA-AI herzustellen und intuitiv die Absicht des Gegners zu erkennen. Kontrolliert man außerdem das Ki des Gegners mit seinem eigenen starken Ki, so braucht man nicht zu befürchten, in eine gefährliche Lage zu geraten.

108

109

16. Yokomen-uchi Shihô-nage

Irimi

A steht im linken Hanmi und bietet dem Angreifer seine linke Gesichtshälfte, so daß es so aussieht, als könne B ihn relativ leicht treffen. Dieser geht nun rechts vor und schlägt A mit der rechten Hand links aufs Gesicht oder auf den Hals (Abb. 108).

Dabei geht A mit erhobener linker Hand, deren Handfläche leicht auf B weist, auf den Zehen seines linken Fußes einen großen Schritt zurück (Abb. 109).

Er führt die angreifende Hand an der Innenseite des Handgelenks mit seiner linken Hand nach unten. Gleichzeitig nimmt er seine rechte Hand hinzu, so als ob er die Hand des Angreifers ganz mit seinem Ki umhüllen wollte. A braucht diese nicht besonders fest zu halten. Zur selben Zeit setzt er seinen rechten Fuß zurück zum linken. Aus dieser Position ist es sehr einfach, die nachfolgende Technik auszuführen und B vollkommen aus dem Gleichgewicht zu bringen (Abb. 110).

A setzt die Bewegung fort, indem er B's Arm mit Schwung nach oben führt und dabei gleichzeitig rechts einen Schritt nach vorn geht (Abb. 111). Dann geht er mit dem linken Fuß nach vorn und setzt dabei die Zehen ganz leicht zwischen B's Füßen auf.

Wenn er sich nun vollständig nach rechts dreht, fällt B mit dem rechten Arm über dem Kopf nach hinten (Abb. 112 und 113).

110

111

112

113

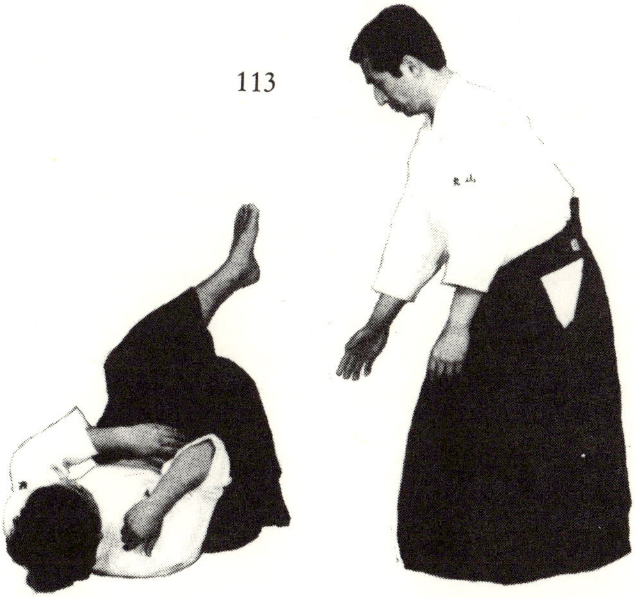

5

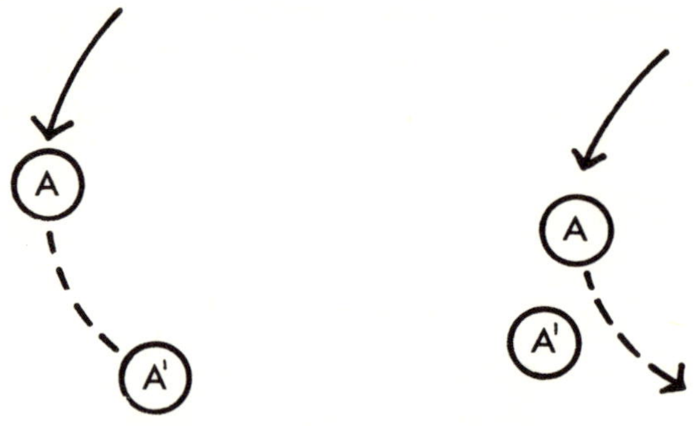

Zeichnung 5 a zeigt folgendes: A sollte sich nicht auf der Linie bewegen, auf der die angreifende Hand auf ihn zukommt. Diese Angriffslinie ist durch die gestrichelte Linie in der Zeichnung verdeutlicht. Da die Hand schneller ist als der Körper, wird B's Kraft unweigerlich auf A treffen, falls er sich auf dieser Linie aufhält. Und wenn B dann noch stärker ist als A, kommt er mit Sicherheit selbst aus dem Gleichgewicht und kann SHIHÔ-NAGE nicht mehr ausführen.

Besser ist es, wenn er wie in Zeichnung 5 b dargestellt aus B's Angriffslinie hinausgeht. Jetzt ist es völlig unerheblich, wieviel Kraft B einsetzt oder wie stark er ist. A läßt lediglich seine Hand auf der gestrichelten Linie und kann so mühelos B's Hand greifen, so als würde er einen Ball auffangen und ihn mit SHIHÔ-NAGE wieder wegwerfen. Im folgenden will ich erklären, wie man am besten aus der Angriffslinie herauskommt.

Beim Zurückgehen ist es sehr wichtig, den rechten Fuß an den linken heranzuführen. Sehen Sie sich noch einmal Abb. 110 an. Würde A hier seinen Fuß nicht zurücksetzen und in dieser Stellung B's Hand weiterhin festhalten, könnte B ihn entweder mit seiner linken Hand schlagen oder mit dem linken Fuß treten. Aber durch das Zurücksetzen des rechten Fußes streckt A den rechten Arm des Angreifers ganz aus und zieht ihn auf diese Weise ein wenig aus dem Gleichgewicht. Würde B jetzt versuchen, mit seiner linken Hand oder dem linken Fuß zu schlagen oder zu treten, könnte A sich mühelos verteidigen, indem er mit seiner rechten Hand B's rechte Hand ganz leicht bewegt, was bewirkt, daß dieser vollständig aus dem Gleichgewicht kommt. Ob A sich verteidigen kann oder nicht, hängt also ganz davon ab, ob er den rechten an den linken Fuß heranführt oder nicht.

Wenn B mit einem Schlag von der Seite angreift, kann A im allgemeinen seiner Kraft entgehen, indem er mit dem linken Fuß einen großen Schritt zurückgeht und gleichzeitig weiterhin Ki nach vorn fließen läßt. Ist der Angreifer jedoch ein riesiger Mann mit langen Armen, der A mit voller Wucht angreift, ist dieser möglicherweise nicht mehr in der Lage, nur durch einen einzigen Schritt mit dem linken Fuß aus der Angriffslinie hinauszugehen. Üben Sie deshalb die folgenden Bewegungen, damit Sie imstande sind, auch mit einem größeren oder stärkeren Angreifer fertigzuwerden.

A steht im linken Hanmi, hebt sein linkes Knie nach oben und wartet auf das Zeichen „Eins“ (Abb. 114).

Bei „Eins“ läßt er sein linkes Knie oben und hüpft ganz entspannt auf seinem rechten Fuß zurück.

Bei „Zwei“ geht er auf den Zehen seines linken Fußes so weit wie möglich zurück (Abb. 115).

Bei „Drei“ verlagert er das Gewicht auf den linken Fuß und setzt gleichzeitig den rechten an den linken Fuß heran (Abb. 116).

A sollte nicht aus dem Gleichgewicht geraten, wenn B von vorn gegen seine Schulter drückt. Achten Sie darauf, beständig starkes Ki nach vorn fließen zu lassen, auch wenn sich der Körper nach hinten bewegt. Sobald Sie diese Bewegungen beherrschen, üben Sie den gesamten Ablauf in einer einzigen, kontinuierlichen Bewegung.

Beginnen Sie die Übung auf das Zeichen „Eins“. Dann kehren Sie in die Ausgangsstellung zurück, stehen dieses Mal aber in Hanmi rechts. Nun wiederholen Sie die Übung aus Hanmi rechts auf das Zeichen „Zwei“. Üben Sie diesen Bewegungsablauf mehrere Male hintereinander in diesem Rhythmus und achten Sie darauf, Ki immer nach vorn zu schicken. Springen Sie nicht unbeholfen oder schwerfällig zurück, sondern machen Sie beim Zurückgehen eine schnelle und fließende Bewegung, und halten Sie dabei den Einen Punkt.

Die Beherrschung dieser Übung bewirkt die Fähigkeit, die Kraft eines Angreifers zu lenken, unabhängig davon, wie groß oder stark dieser ist. A hält B mit seinem Ki und kann ihn aufgrund dieser Fähigkeit beliebig führen. So wie sich die Weide der Stärke des Windes anpaßt, geht A bei einem schwachen Angriff nur einen kleinen Schritt zurück, bei einem starken Angriff jedoch entsprechend weit.

B steht ganz aufrecht im rechten Hanmi, hält den Einen Punkt und streckt seine rechte Hand geradeaus. Das ist eine sehr kraftvolle und starke Haltung. A faßt diese ausgestreckte Hand mit beiden Händen und versucht, B mit SHIHÔ-NAGE zu Fall zu bringen.

Solange B diese Haltung beibehalten kann, das heißt solange sein Geist und Körper in Einheit sind und er den Einen Punkt hält, ist er unbeweglich, und A wird nicht

116

115

114

imstande sein, B's rechte Hand zu bewegen, geschweige denn, sie nach oben zu führen und B zu werfen. Deshalb glauben viele Leute, Aikidô habe auf große und kräftige Menschen keinerlei Wirkung.

Als nächstes umfaßt A mit beiden Händen ganz locker B's rechtes Handgelenk, fast so, als würde er es gar nicht berühren. Dann führt er B's Hand mit einer einzigen Ki-Bewegung zu seiner linken hoch, was ihm keinerlei Schwierigkeiten bereiten wird. Solange er nicht versucht, die angreifende Hand auf B zurückzudrücken, wird er sie stets bewegen können.

Obwohl er B's rechte Hand nach oben schwingen kann, wäre es doch ziemlich schwierig, sie über den natürlichen Punkt hinaus weiter hochzuführen und oben festzuhalten, denn seine Kraft würde mit der Kraft des Angreifers kollidieren. Deshalb geht A fast gleichzeitig, und ohne B's Arm zu überdehnen, mit seinem linken Fuß quer vor B vorbei.

Gleichzeitig macht er auf den Fußballen eine starke Drehung mit der Hüfte nach rechts. B wird bei dieser Technik leicht zu Boden fallen. Tut er dies nicht, so hat A seine Hüfte nicht weit genug gedreht. Er muß sich so lange drehen, bis B fällt. Er sollte also weder B's angespannte rechte Hand oben halten noch sie nach unten drücken, sondern sie stattdessen mit Ki halten, sich auf das Bild eines Kreises konzentrieren und sich ganz schnell nach rechts drehen — so wird B widerstandslos zu Boden fallen.

Die folgende Übung zeigt, wie man mit SHIHÔ-NAGE den Angreifer durch das Senken der rechten Hand werfen kann. Solange man nämlich die Ki-Bewegung dieser Technik nicht verstanden hat, wird es nicht verständlich, warum man seinen Gegner mit Hilfe einer vollständigen Drehung der Hüfte werfen kann.

B beugt seinen rechten Arm und hält ihn in der Position, die er auch bei SHIHÔ-NAGE hat (vgl. Abb. 112). Dann hält er das Gewicht unten, das heißt, das Gewicht des Armes sammelt sich am tiefsten Punkt des Ellenbogens. Außerdem hält er mit seiner linken Hand den Ellenbogen fest, um zu verhindern, daß sein rechter Arm sich nach oben bewegt.

6

Nun versucht A, B's Arm mit SHIHÔ-NAGE nach unten zu führen. Will er ihn in die Richtung der gestrichelten Linie in Zeichnung 6 werfen, indem er B's rechten Ellenbogen anhebt oder nach hinten drückt, wird er keinerlei Erfolg haben. Er kann ihn weder anheben noch folglich B werfen.

Bei diesem Beispiel bewegt sich B's Ki in die Richtung des schwarzen Pfeils und nicht in die Richtung der gestrichelten Linie. Vielen wird es an dieser Stelle nicht gelingen, ihren Gegner zu werfen, wenn dieser stark genug ist, weil sie die Bewegung seines Ki nicht richtig wahrnehmen und versuchen, ihn in die Richtung der gestrichelten Linie zu werfen. Rufen Sie sich ins Gedächtnis, daß es notwendig ist, den Geist des Angreifers zu bewegen und zu führen, da ja der Geist den Körper lenkt. Deshalb muß A in diesem Falle B in die Richtung des schwarzen Pfeils werfen, denn sein Ki weist ebenfalls in diese Richtung. Wenn A also gleichzeitig seine rechte Hand fallenläßt (mit der er B's rechte Hand hält) und mit seiner linken Hand den Handrücken von B's rechter Hand senkrecht nach unten führt, wird B widerstandslos zu Boden fallen. Es gibt keinen Grund, B's Hand oben festzuhalten und zu versuchen, ihn nach hinten zu werfen. A braucht nichts anderes zu tun, als seine Hände ganz entspannt senkrecht nach unten fallen zu lassen; auf diese Weise folgt die Hand des Angreifers von selbst.

A folgt also dem Impuls, der durch den Schwung der Arme nach rechts oben erzeugt wird und dreht seine Hüfte ganz nach rechts. Dadurch bewegen sich seine beiden Arme über den Kopf und kommen ganz natürlich wieder nach unten, wie der Pfeil in Zeichnung 6 zeigt.

Dieser Pfeil stellt die Bewegung seines Ki dar, wenn er B mit SHIHÔ-NAGE wirft. Wenn A B's rechtes Handgelenk greift, mit dem linken Fuß einen Schritt quer vor ihn macht und seine Hüfte nur ein wenig nach rechts dreht, befindet sich B's Hand immer noch oben. Würde A jetzt versuchen, die Hand mit Gewalt nach unten zu bringen, indem er sie gegen seine Schulter drückt, liefe er Gefahr, B's Arm zu verletzen, den er auf diese Weise in eine unnatürliche Stellung gebracht hat. Außerdem fühlt B, daß diese Bewegung nicht richtig ist und wird dem Versuch von A, ihn zu werfen, Widerstand entgegensetzen. Diese unnatürliche Bewegung ist nicht notwendig.

Wenn A sich aber weiter nach rechts dreht, bewegt sich B's Handgelenk automatisch nach unten, der Ellenbogen seines gebeugten Armes jedoch nach oben; so verliert B sein Gleichgewicht. Dreht A nun weiter nach rechts, fallen beide Hände natürlicherweise nach unten. Da in diesem Falle B's Arm, Hand und Handgelenk in eine natürliche Richtung gebeugt sind, arbeitet diese Technik nicht gegen die natürlichen Gesetze, sondern sie entspricht der Natur der Dinge.

117

Tenkan

B greift A mit einem seitlichen Schlag zum Kopf an, und A bewegt sich aus der Angriffslinie hinaus und faßt B's rechte Hand. Dann geht er an B's rechte Seite, dreht sich im Uhrzeigersinn und wirft ihn mit der Tenkan-Form von SHIHÔ-NAGE (Abb. 117–121).

Wenn A sich an B's rechte Seite begibt, sollte er dessen Hand nicht sehr fest fassen oder sie in Richtung von B's Schulter drücken. Das Gewicht von B's Arm befindet sich ja unten, und gerät A mit B's Kraft in Kollision, wird er nicht imstande sein, dessen Hand zu bewegen. Er sollte stattdessen die Hand ganz leicht, aber mit Ki halten und sein Ki in B's Richtung schicken; so wendet er die fünf Prinzipien des Shin-Shin-Tôitsu-Aikidô an. B wird A bereitwillig folgen.

Da im Aikidô viele Techniken verwendet werden, bei denen die Gelenke des Angreifers betroffen sind, glauben viele, Aikidô beinhalte die Anwendung vieler gesundheitsschädlicher, unnatürlicher Techniken. Diese Auffassung ist nicht richtig. Es gibt für die Gelenke sowohl unnatürliche als auch natürliche Techniken. Techniken, bei denen Gelenke in eine natürliche Richtung gebeugt werden, nennt man *jun*. Techniken, bei denen Gelenke gewaltsam und unnatürlich gebeugt werden, nennt man *gyaku*.

Im Aikidô werden ausschließlich *jun*-Techniken verwendet, ob bei SHIHÔ-NAGE, KOTE-GAESHI, NIKYÔ oder anderen Wurftechniken, die ich später erklären werde. Dabei werden die Gelenke in ihrer normalen, natürlichen Richtung gedehnt. Ein Angreifer, der mit *jun*-Techniken überwältigt wird, kann keinerlei Widerstand leisten und wird geworfen, aber er verletzt sich dabei nicht. Wird er dennoch verletzt, so zeigt das nur, daß A keine ausreichende Übung für die richtige Anwendung der Technik hatte und er kein *jun*-Prinzip, sondern auf unnatürliche Weise Kraft anwendete. Es genügt nicht, jemanden bloß werfen zu können. Einen Angreifer einfach nur zu Boden zu werfen bedeutet noch lange nicht, daß man die Wurftechnik richtig beherrscht oder die zugrundeliegenden Prinzipien verstanden hat. Um dazu in der Lage zu sein, sollte man jede Bewegung mit äußerster Aufmerksamkeit üben und in allem *dem Natürlichen* folgen.

118

119

Alles, was im Einklang mit der Natur ist, ist in „Ordnung", ist natürlich. Was der einenden Harmonie der Natur zuwiderläuft, ist nicht in Ordnung, ist nicht natürlich. Es wäre vollkommen falsch, unnatürliche Techniken in einer Kunst wie Aikidô zu verwenden, bei der wir nach der Vereinigung mit den Prinzipien der Natur streben.

Wenn wir Unnatürliches praktizieren, wird auch unser Geist mit der Zeit verzerrt und pervertiert. So kommen wir allmählich dazu zu glauben, der Zweck heilige die Mittel, und alles, womit man andere besiegen kann, sei zulässig. Letztendlich gipfelt diese Ansicht in einem mitleidlosen Geist, der Gerechtigkeit gleichsetzt mit brutaler Gewalt und die Schwachen als natürliche Opfer der Starken begreift.

Wir müssen lernen und praktizieren, daß Gerechtigkeit Stärke ist und nicht umgekehrt. Wenn wir das Natürliche praktizieren, können wir auch auf natürliche Weise Ki fließen lassen. Wenn jeder Lehrer starkes Ki fließen läßt, werden ihm seine Schüler auch bereitwillig folgen.

120

121

17. Shômen-uchi Kokyû-nage

A steht im rechten Hanmi. B führt seine rechte Hand nach oben und schlägt A senkrecht nach unten auf die Mitte der Stirn (Abb. 122).

In dem Augenblick, in dem B diesen Schlag ausführen will, schwingt A seinen rechten Arm nach oben. Er läßt durch diesen Arm Ki fließen und richtet ihn auf die Außenseite von B's rechter Hand. Auf diese Weise kann die Kraft des Angreifers seine Stirn nicht treffen. Stattdessen wird durch A's stark fließendes Ki B's Ki außen an A's Arm abgeleitet. So gleitet der angreifende Arm harmlos an A vorbei, kann den Kopf nicht mehr treffen und landet stattdessen auf dem Boden (Abb. 123).

In dem Moment, in dem B's Arm den seinen passiert, geht er mit einem Schritt auf dem linken Fuß rechts hinter B. Dann führt er B's abgleitenden Arm mit seinem rechten Arm noch weiter nach unten und faßt gleichzeitig den Angreifer mit seiner linken Hand am Nacken.

Nun geht A mit einer Drehung nach rechts und einem weiten Schritt rechts zurück noch weiter hinter B. A sollte dabei die Kraft seiner Vorwärtsbewegung mit der Kraft von B's Angriff in Einklang bringen; auf diese Weise ist es leicht für ihn, den Angreifer kreisförmig nach unten zu seiner rechten Seite zu führen (Abb. 124).

Die Reaktion des Angreifers wird sein, daß er seinen gesenkten Kopf aufrichten will,

122

123

124

125

126

um sein Gleichgewicht wiederzufinden. A nutzt diese Aufwärtsbewegung von B aus, um ihn mit einem ganz weiten Schwung seiner rechten Hand höher nach oben zu führen, als B erwartet. Wenn A sich danach ganz aufrichtet, schaut B schließlich nach oben, und sein Körper ist nach hinten gelehnt (Abb. 125).

Nun dreht A seine rechte Hand kreisförmig so, daß sein Zeigefinger auf B zeigt und läßt dann seine Hand fallen, so als wolle er seinen rechten Zeigefinger nach unten zwischen die Augen des Angreifers stoßen. Aber kurz bevor er das Gesicht trifft, führt er stattdessen seinen Zeigefinger an B's linker Wange vorbei. Dadurch fällt dieser rückwärts auf den Boden (Abb. 126).

Wenn B versucht, A mit einem Schlag nach unten auf die Stirn zu treffen, führt A seinen rechten Arm mit Schwung nach oben und kann, weil er Ki fließen läßt, die Kraft des Schlages an sich vorbei und zu Boden zu lenken. Er versucht also gar nicht, den Schlag zu blockieren oder zu stoppen. Hierbei Fertigkeiten zu entwickeln ist sehr wichtig. Wenn man die Kunst beherrscht, einen Schlag zu lenken, kann man auch mit einem sehr starken Gegner mühelos zurechtkommen. Üben Sie dies anhand des folgenden Beispiels.

A steht im rechten Hanmi und wird von B angegriffen, der mit seiner rechten Hand zum Schlag auf seine Stirn ausholt. Wenn B den Schlag so ausführt, daß das Gewicht seines Armes dabei unten ist, wird der Angriff eine ziemlich große Wucht haben. A begegnet diesem Schlag, indem er seine Stirn mit seinem rechten Arm schützt. Das kann er aber nur dann tun, wenn sein Arm stärker ist als B's. Sollte B dagegen stärker sein als er, so wird er trotz seines Versuches, den Angriff abzuwehren, niedergeschlagen werden. Als Folge davon kann A nicht mehr rechts hinter B springen und ihn mit KOKYÛ-NAGE zu Boden werfen.

Sammelt A seinen Geist im Einen Punkt und hält ihn dadurch ganz ruhig und läßt er ganz stark Ki durch seinen rechten Arm fließen, so wird dieser Arm unbeweglich sein. Schwingt A nun bei B's Angriff seinen unbeugbaren Arm auf ganz natürliche Weise nach oben, wird B's rechte Hand noch nicht einmal seinen Arm berühren, sondern nach rechts auf den Boden fallen. Lassen Sie mich die hier zugrundeliegenden Prinzipien mit einem weiteren Beispiel veranschaulichen.

Stellen Sie sich vor, aus einem Feuerwehrschlauch strömt mit starkem Druck Wasser aus. Wasser aus einem zweiten Schlauch kann jetzt nicht in die Düse des ersten strömen. Ist der Wasserdruck aus dem ersten Schlauch aber nur ganz schwach und der aus dem zweiten sehr viel stärker, kann das Wasser aus dem zweiten Schlauch in den ersten eindringen. Solange aber das Wasser aus dem ersten stark und gleichmäßig herausströmt, braucht man sich um das Wasser aus dem anderen nicht zu kümmern. Da A durch seine rechte Hand stark und gleichmäßig Ki fließen läßt, wird B's Kraft einfach abgelenkt, so wie das Wasser aus dem zweiten Schlauch den starken Strahl des ersten nicht durchdringen kann, sondern ebenfalls abgelenkt wird. Diese Übung muß natürlich mit absolutem Selbstvertrauen ausgeführt werden.

Als nächstes wollen wir untersuchen, wie A den Körper des Angreifers nach unten führt, nachdem er rechts hinter ihn gesprungen ist.

B steht im rechten Hanmi und streckt seinen rechten Arm mit geballter Faust stark und angespannt geradeaus. Er steht ganz stabil und ist entschlossen, seinen Arm nicht nach unten bewegen zu lassen. A versetzt B einen kräftigen Schlag auf den Oberarm. Sind A und B etwa gleich stark, wird A nicht in der Lage sein, den Arm nach unten zu schlagen (Abb. 127).

Nun entspannt A seinen erhobenen Arm vollkommen und legt ihn auf B's Oberarm, und zwar so leicht, daß B ihn kaum spürt. Wenn A jetzt das Gewicht seines Armes unten hält und seine rechte Hand ganz natürlich nach unten bewegt, kann er den Arm seines Partners ohne Schwierigkeiten nach unten bringen (Abb. 128).

127

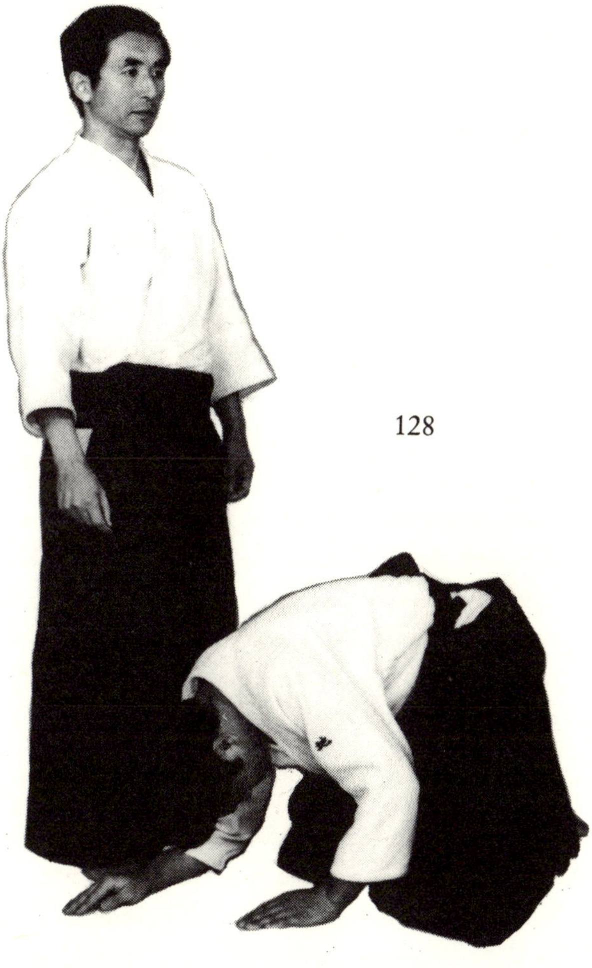

128

129

130

Nidan-biki („das Spiel aufheben")

B steht in Hanmi rechts, hält in der rechten Hand ein Handtuch und beugt seinen Arm im rechten Winkel (Abb. 129).

A hält das andere Ende des Handtuchs mit seiner rechten Hand fest und zieht es ganz ruhig zu sich her. Das Handtuch dehnt sich bis zu einem bestimmten Punkt. Das ist das Prinzip des Spiel-Aufhebens (Abb. 130). A sollte nicht stark, sondern bis zu diesem Punkt ganz langsam und sanft ziehen. Dann jedoch zieht er plötzlich ganz stark mit einer einzigen Bewegung und bringt B auf diese Weise dazu, nach vorn zu fallen (Abb. 131).

Falls A von Anfang an sehr stark zieht, hält seine Kraft an dem Punkt an, an dem das Spiel aufgehoben ist. Auf diese Weise kann A seinen Partner nicht in Bewegung bringen. Ähnlich ist es in Abb. 127. Wenn A seine rechte Hand von Anfang an angespannt hält, kollidiert seine Kraft mit B's Arm und hält an. Sein Ki stoppt, und er kann B's Arm nicht nach unten schlagen.

A sollte seinen Arm nach unten bewegen und ihn ganz sachte auf den Oberarm seines Partners legen. Das ist das Äquivalent zum Prinzip des Spiel-Aufhebens. Von dieser Stelle aus führt A seine rechte Hand entspannt, aber entschlossen nach unten und kann auf diese Weise B's Arm mühelos nach unten führen.

Dasselbe Prinzip gilt für die Technik, bei der A mit seiner linken Hand B's Nacken senkrecht nach unten führt.

131

Viele Menschen machen sich vor wichtigen Ereignissen oder Begegnungen im voraus unnötigerweise Sorgen, und wenn das Ereignis dann tatsächlich eintritt, sind sie schwach und handlungsunfähig. Hier sollte man sich das Prinzip NIDAN-BIKI bewußt machen und praktizieren. Solange die Ereignisse noch nicht eingetreten sind, sollte man sich nicht beunruhigen und sich nicht unnötigerweise anspannen. Stattdessen sollte man den Einen Punkt halten und sich dadurch entspannen und ruhig werden. So ist man voller Kraft, sehr wachsam und bereit, sein Äußerstes zu geben, wenn der richtige Augenblick gekommen ist. Schon immer wurden diejenigen als bedeutende Menschen bezeichnet, die bei wichtigen Dingen oder Ereignissen Ruhe und Gelassenheit bewahren konnten.

A steht im rechten Hanmi. Auf das Zeichen „Eins" schwingt er beide Hände nach oben, während er gleichzeitig mit dem linken Fuß einen Schritt nach vorn macht. Er dreht weiter auf dem linken Fuß um 180°, während seine Arme nach unten und aufgrund der Fliehkraft zur rechten Seite wieder nach oben schwingen. Die rechte Hand hält über dem Kopf und die linke etwa auf der Höhe der rechten Achselhöhle an. Dies ist eine Mischung aus UDE-MAWASHI-UNDÔ und UDE-FURI-CHÔYAKU-UNDÔ. Seine rechte Hand sollte unbeweglich sein, wenn B versucht, sie nach unten zu drücken. Wiederholen Sie diese Übung mehrmals rechts und links.

Dritte Stufe

132

133

18. Funekôgi-undô

A steht im linken Hanmi. Auf das Zeichen „Eins“ bewegt er seine Hüfte ein kleines Stück nach vorn, hält beide Handgelenke natürlich gebeugt, hebt sie ein wenig hoch und stößt sie geradeaus nach vorn. Dabei sollte er sich mit seinem Oberkörper weder nach vorn noch nach hinten lehnen und sich weder nach rechts noch nach links neigen. Das Gewicht des Oberkörpers sollte im Einen Punkt ruhen und das rechte Bein, das im linken Hanmi hinten ist, bequem gestreckt sein (Abb. 132).

Auf das Zeichen „Zwei“ bewegt er seine Hüfte wieder zurück und beide Hände zurück zur Taille. Das hintere Bein ist nun leicht gebeugt und das vordere Bein bequem gestreckt (Abb. 133).

Wenn A seine Hände ausgestreckt hat, drückt B sie in Richtung seiner Schultern. Die Hände sollten sich nicht nach hinten bewegen lassen. Solange A den Einen Punkt hält und durch seine Arme Ki fließen läßt, ist er ganz unbeweglich.

Beim nächsten Test stellt sich B vor ihn hin und drückt in dem Augenblick gegen seine Schultern, in dem er seine Hände an die Hüfte zurückzieht. A sollte sich auch bei diesem Test nicht nach hinten bewegen lassen. B kann ihn auch dadurch testen, daß er die Handgelenke in Richtung der Schultern nach oben drückt. Wenn sich das Gewicht der Arme unten befindet, werden sie sich bei diesem Test nicht bewegen.

A wiederholt diese Übung mehrmals rechts und links.

Es ist relativ einfach, Geist und Körper miteinander zu vereinigen, wenn man sich nicht bewegt. Schwieriger ist es, in der Bewegung den Einen Punkt zu halten. Wir sollten tagtäglich bei allem, was wir tun, vom Einen Punkt ausgehen.

Sobald A seine Hände ausgestreckt hat, greift B sie von vorn (Abb. 134). Wenn A nun versucht, seine Hände wieder an die Hüfte zurückzuziehen, trifft er auf die Kraft seines Partners und wird gestoppt. A sollte mit der Hüfte zurückgehen, ohne seine Hände zu bewegen, und zwar so lange, bis B's Arme ganz ausgestreckt sind (Abb. 135). Dann kann A seine Hände mühelos zurückziehen und B auf diese Weise vorwärts aus dem Gleichgewicht bringen (Abb. 136).

134

135

136

19. Nikyô-undô

Vergleicht man einen Arm mit einem Feuerwehrschlauch, so wäre das Handgelenk die Düse am Schlauch. Diese Düse ist jedoch für die Bekämpfung eines Feuers mit Wasser unbrauchbar, wenn sie nicht stark und gleichzeitig leicht zu handhaben ist. Ähnlich ist es, wenn jemand im Aikidô in der Lage sein will, starkes Ki fließen zu lassen und das Ki seines Gegners beliebig zu lenken. Dafür müssen die Handgelenke so trainiert werden, daß sie stark, geschmeidig, leicht beweglich und flexibel sind.

A beugt sein linkes Handgelenk, legt seine rechte Hand über den linken Handrücken und drückt seinen linken Oberarm und den Ellenbogen in Richtung auf die rechte Handinnenfläche. Gleichzeitig hebt er das Spiel auf, das möglicherweise noch im linken Handgelenk ist, indem er es mit seiner rechten Hand leicht beugt (Abb. 137). Die vereinte Kraft auf seinem linken Handgelenk dehnt dessen Muskeln auf angenehme Weise. Die Übung wirkt, wenn sie richtig ausgeführt wird, auf alle Muskeln, die auf der Linie vom Handgelenk bis zur Halswirbelsäule liegen. Deshalb hilft sie auch bei steifen, angespannten Schultern und bei zu hohem Blutdruck.

137

Bei dieser Übung sollte A sein Ki durch seine linke Hand nach außen schicken wie in Zeichnung 7 a. Das bedeutet „Ki fließen lassen".

A muß darauf achten, daß sein Ki nicht wieder zu ihm zurückfließt wie in Zeichnung 7 b. Wenn das passiert, ist die Übung völlig sinnlos. Wiederholen Sie die Übung jeweils vier Mal auf der rechten und linken Seite.

a 7 b

20. Kote-gaeshi-undô

A beugt sein Handgelenk wie in Abb. 138 gezeigt — die Handinnenfläche zeigt nach oben. Er hält sein linkes Handgelenk mit der rechten Hand, indem er den kleinen Finger und den Ringfinger der rechten Hand auf seinen linken Handrücken legt. Der Daumen der rechten Hand liegt unterhalb des linken Ringfingers auf dem Handrücken. Dann dreht er sein linkes Handgelenk, so weit er kann. Dabei sollte er aber nicht nur mit dem Daumen der rechten Hand drücken. Wenn er das tut, fließt seine gesamte Kraft zurück in seine rechte Schulter. Stattdessen hält er mit Ki und faßt sein linkes Handgelenk leicht, aber bestimmt, mit seiner rechten Hand. Dann führt er beide Hände einfach nur senkrecht nach unten. So fließt von ganz alleine Kraft in seinen Daumen, und die linke Hand wird im Gelenk gut gedehnt. Wiederholen Sie die Übung mit der rechten und mit der linken Hand jeweils vier Mal.

138

21. Sankyô-undô

A streckt seine linke Hand so aus, daß die Handinnenfläche nach außen und die Kleinfingerseite nach oben zeigt. Mit den vier Fingern seiner rechten Hand umschließt er die Kleinfingerseite der linken und legt den Daumen der rechten Hand auf den linken Daumen (Abb. 139).

Anschließend streckt er beide Hände in einer rhythmischen Bewegung nach vorn.

Wiederholen Sie diese Übung mit jeder Hand vier Mal. Durch sie werden die Bänder an der Kleinfingerseite der Hand gut gedehnt.

Wenn A beide Hände ausgestreckt hat, drückt B sie in Richtung auf A's Schultern. Sind die Arme angespannt oder überdehnt, wird A sein Gleichgewicht verlieren. Sind aber seine Arme vollkommen entspannt, so wird er einen Punkt spüren, an dem seine Hände von ganz alleine anhalten. Läßt A nun seine Hände an dieser Stelle ganz ruhig anhalten, so wird er sich nicht bewegen, wenn B ihn testet (Abb. 140).

139

140

22. Kata-tori Nikyô

Irimi

Der Anfang dieser Technik wird wie bei Kata-tori Ikkyô ausgeführt. B versucht, A's linke Schulter zu greifen (Abb. 141). Dieser geht mit seinem linken Fuß zurück und führt mit seiner rechten Hand B's rechte Hand ganz entspannt nach unten (Abb. 142). Dann schwingt er sie in einem Bogen nach oben auf B's Gesicht zu (Abb. 143) und anschließend wieder nach unten. Dabei geht er mit dem linken Fuß nach vorn (Abb. 144).

Nachdem A den Arm mit Schwung nach unten geführt hat, bringt er nun B's Arm mit seiner linken Hand wieder nach oben und legt B's rechten Handrücken mit der eigenen rechten Hand an seine linke Schulter.

Nun greift er mit seiner linken Hand ganz locker B's rechtes Handgelenk dreht es so, als wollte er es von außen nach innen einrollen (Abb. 145). Dann beugt er mit beiden Händen B's rechte Hand nach unten. Dieser wird im Handgelenk einen stechenden Schmerz verspüren und ziemlich schnell zu Boden fallen (Abb. 146).

Nun nimmt A seine linke Hand von B's rechtem Handgelenk weg und legt sie auf dessen rechten Oberarm. Er führt B nach unten und hält ihn so mit dem Gesicht nach unten fest. Dabei faßt er B's rechte Hand wie in Abb. 147 gezeigt. Danach hält er sie mit seiner linken Hand von außen fest und dreht sie nach unten.

141

142

144

143

145

147

146

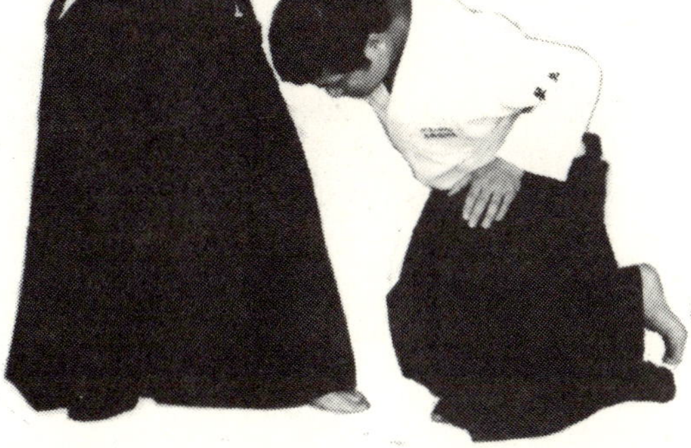

148

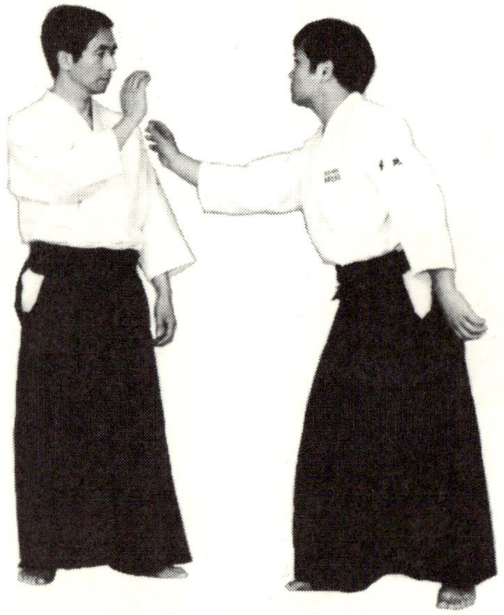

149

Tenkan

Nachdem A die rechte Hand des Angreifers wie zuvor mit einem Schwung auf diesen hin geführt hat (Abb. 148 - 150), springt er weit hinter ihn (Abb. 151). Dann legt er seine linke Hand auf B's rechten Ellenbogen und führt ihn im Kreis um sich herum und nach unten (Abb. 152). Als nächstes nimmt er B's rechtes Handgelenk zu seiner linken Schulter, was sich so anfühlt, als wolle er B's ganzen Körper zu sich herschaufeln (Abb. 153).

Dann vollendet er NIKYÔ und hält B am Boden fest (Abb. 154 - 156).

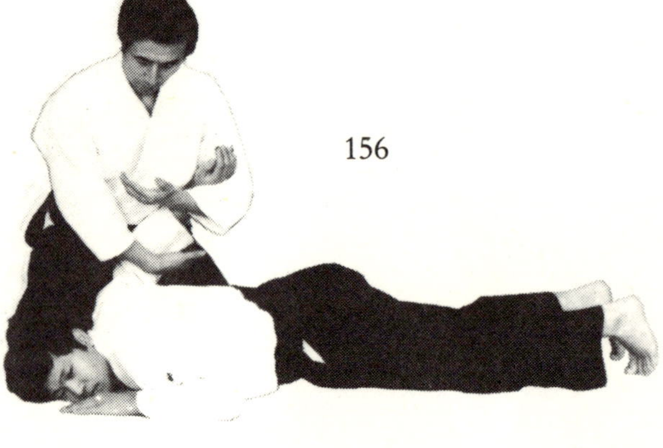

156

155

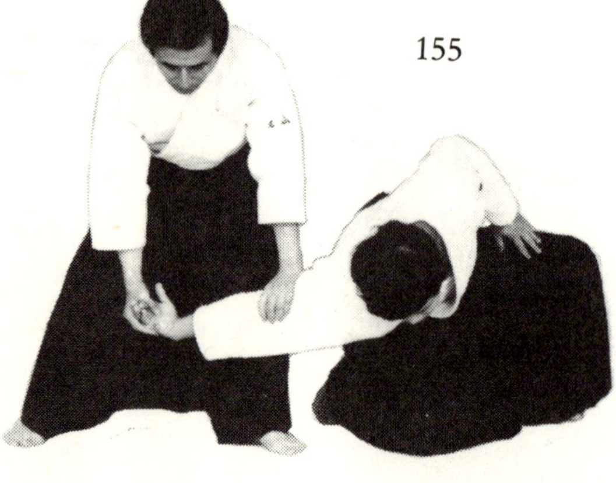

150

151

152

153

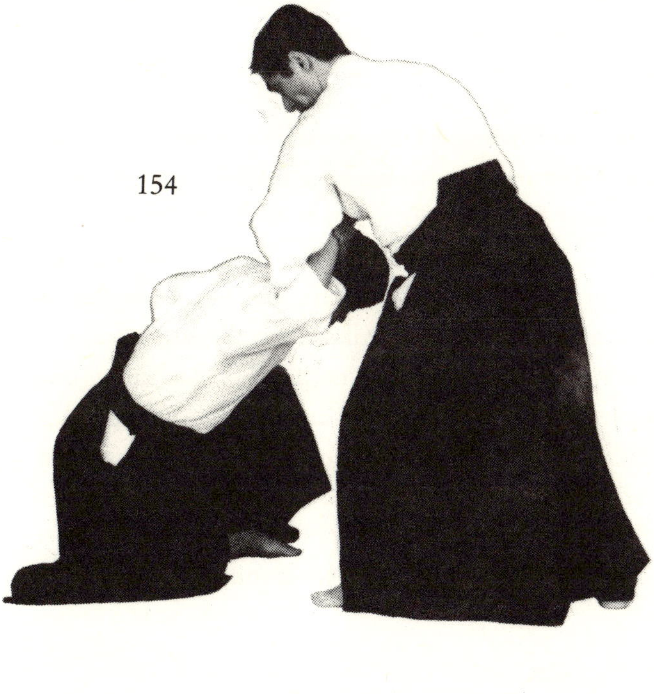

154

157

158

23. Kata-tori Sankyô

Der Anfang dieser Technik wird wie bei Kata-tori Nikyô ausgeführt (Abb. 157 und 158).

Irimi

A schwingt B's rechte Hand nach oben (Abb. 159) und wieder hinunter. Sobald B's Körper gebeugt ist und er sich nicht mehr aufrichten kann, läßt er den Ellenbogen los und greift mit seiner linken Hand von der Kleinfingerseite her B's rechte Hand (Abb. 161). Dann nimmt er die (jetzt nach oben gekehrte) Unterseite des Ellenbogen in seine rechte Hand (Abb. 162) und führt den Arm des Angreifers in einem kreisförmigen Bogen nach unten. Sobald B am Boden liegt, nimmt er B's Hand wieder von der Kleinfingerseite aus in seine rechte Hand. Dann beugt er den Arm, bis der Schmerz, den B dabei verspüren wird, ihn zum Aufgeben zwingt (Abb. 163 und 164).

Tenkan

A führt die Hand des Angreifers zuerst hinunter und dann wieder mit Schwung nach oben. Er springt hinter B und setzt die Drehung fort, wobei er B's Arm nach unten leitet. Danach macht er auf dieselbe Art und Weise wie in Irimi Sankyô und hält B am Boden fest.

An dieser Stelle möchte ich Sie zur Vorsicht mahnen bei Techniken, bei denen Handgelenke gebeugt werden. Achten Sie bitte darauf, daß im Aikidô ein Gelenk immer in der natürlichen Richtung gebeugt wird; eine Beugung in unnatürlicher Richtung, und noch dazu vielleicht mit Gewalt, wäre gleichbedeutend mit einem Verstoß gegen die Gesetze des Universums. Werden Aikidô-Techniken richtig ausgeführt, ziehen sie niemals Verletzungen nach sich, sondern fördern die Gesundheit. Die Gelenke werden zwar bei einer Technik für kurze Zeit gedehnt und schmerzen dann ein wenig, aber sobald der Griff gelöst wird, fühlt sich das Gelenk locker und entspannt an.

159

160

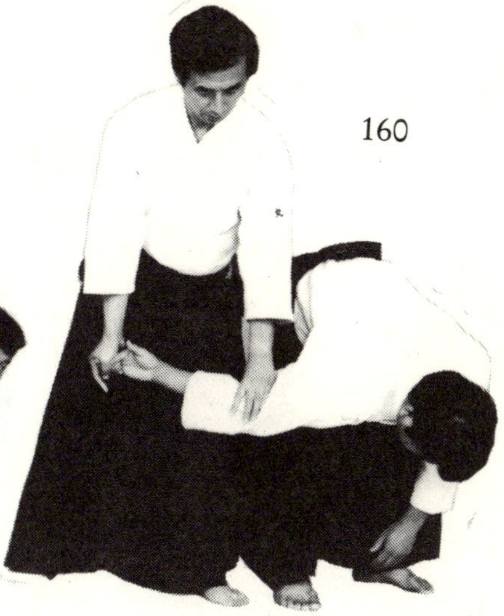

161

162

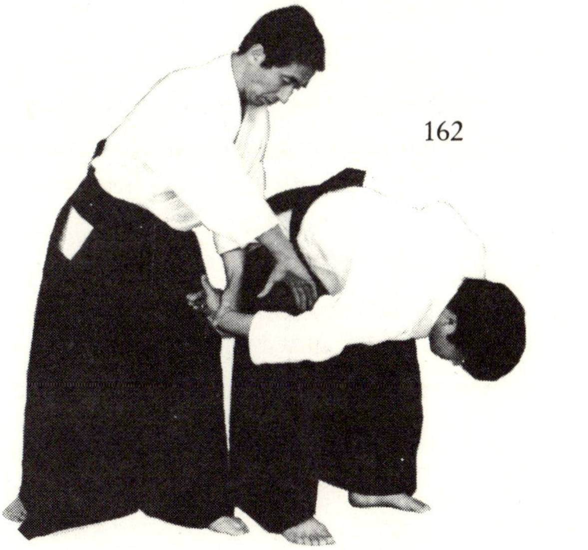

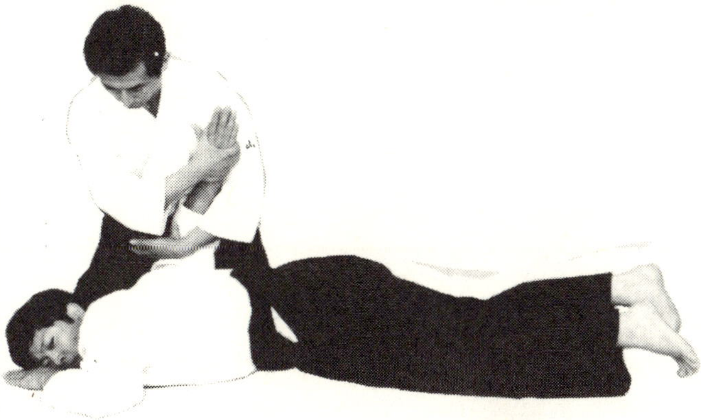

164

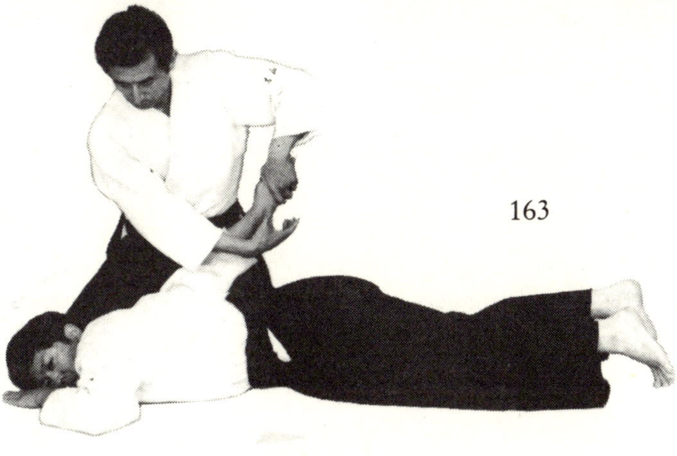

163

165

166

24. Kata-tori Yonkyô

Irimi

A beginnt wie bei Kata-tori Sankyô. Er führt die linke Hand zum Unterarm und dann die rechte zum Handgelenk des Angreifers (Abb. 169). Er konzentriert sein Ki im unteren Knöchel seines linken Zeigefingers und gibt dabei leichten Druck auf den Knochen in B's Unterarm in der Nähe des Daumenansatzes. B wird A's Bewegung in einer parabelförmigen Linie in Richtung zu A's Fuß hin folgen und zu Boden fallen (Abb. 170). Wenn A den unteren Knöchel seines linken Zeigefingers richtig einsetzt, wird B einen stechenden Schmerz verspüren und A's Bewegungen folgen.

Tenkan

A springt hinter B und macht wie bereits zuvor in Irimi Yonkyô . Beim Umgreifen muß A darauf achten, den Ki-Fluß nicht zu unterbrechen.

Um B am Boden zu fixieren, hält A weiterhin B's Handgelenk fest und drückt noch etwas stärker, wodurch B einen starken Schmerz verspüren wird.

167

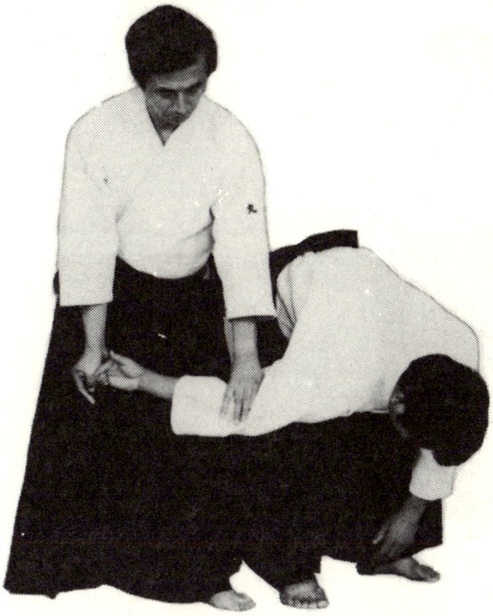

168

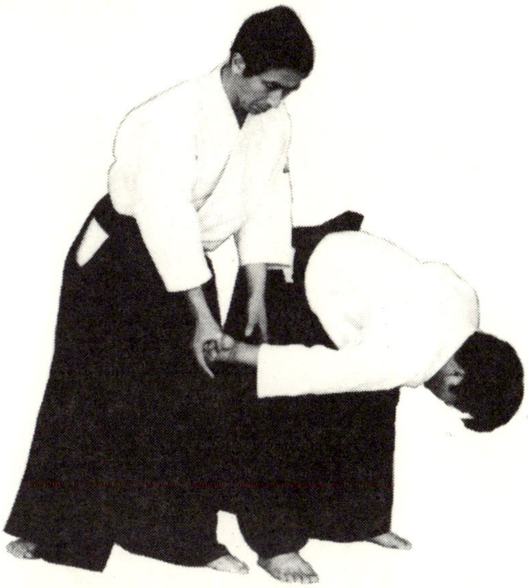

169

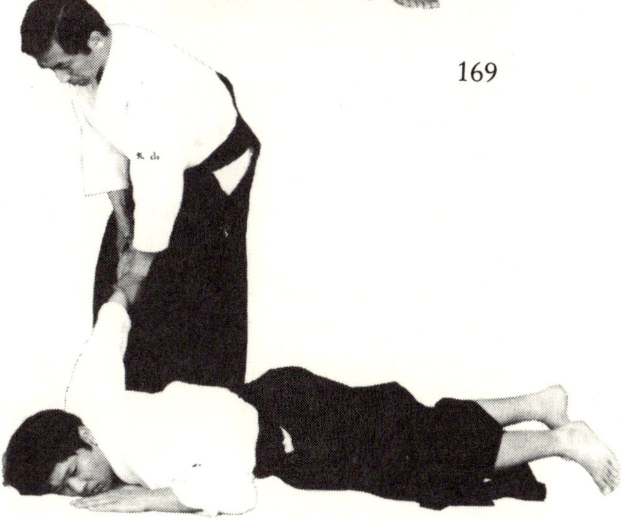

170

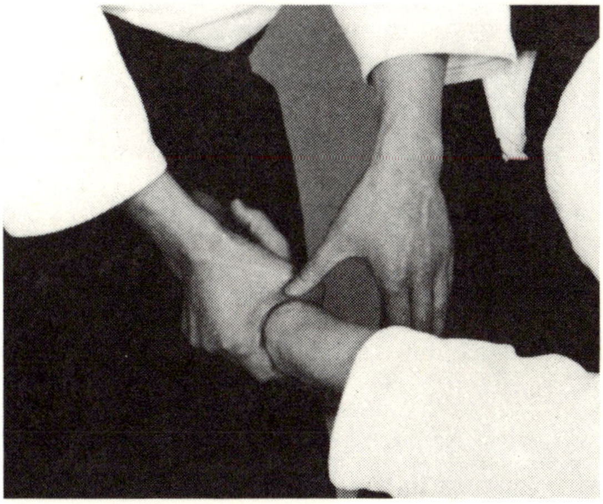

171

172

173

25. Yokomen-uchi Kokyû-nage (1)

A steht im linken Hanmi. B versucht, ihn mit seiner rechten Hand links am Gesicht oder am Hals mit einem Schlag von der Seite zu treffen (Abb. 172).

A geht mit dem linken Fuß zurück, läßt aber weiterhin Ki nach vorn in Richtung des Angreifers fließen und schwingt beide Arme ganz entspannt nach oben (Abb. 173).

Jetzt schlägt er mit seiner linken Hand den Arm des Angreifers und mit der rechten Hand die linke Seite seines Halses senkrecht nach unten. So fällt B sofort zu Boden (Abb. 174).

A sollte B natürlich nicht richtig am Hals treffen. Stattdessen läßt er in B's Richtung so stark Ki fließen, daß er damit B's Ki führt.

174

175

176

26. RYÔTE-TORI KOKYÛ-NAGE

B steht im linken Hanmi und hält beide Hände von A fest (Abb. 175).

Nun geht A, ohne die Position seiner Handgelenke zu verändern, mit seinem linken Fuß so weit wie möglich zurück, stellt dabei aber nur die Zehen auf den Boden (Abb. 176).

In dem Augenblick, in dem die Zehen des linken Fußes den Boden berühren, dreht er Gesicht und Körper zur linken Seite. Da er so sein ganzes Gewicht nach links verlagert, wird B aus dem Gleichgewicht kommen und nach vorn fallen (Abb. 177).

A wirft nun B's rechte Hand senkrecht nach unten. Dieser überschlägt sich und fällt zu Boden (Abb. 178).

Solange B aber den Einen Punkt hält, ist es relativ schwierig, ihn nach vorn zu führen. Deshalb sollte A für diese Technik FUNEKÔGI-UNDÔ gut geübt haben.

B steht im rechten Hanmi und hat seine rechte Hand ausgestreckt. A hält mit seiner rechten Hand B's rechtes Handgelenk und versucht, ihn zu werfen, indem er die Hand nach unten führt (Abb. 179).

Solange B's Arm locker und entspannt ist, kann A lediglich den Arm nach unten führen, nicht aber B werfen (Abb. 180). Wenn er aber den Arm des Angreifers zunächst straff zieht und ihn dann nach unten führt (Abb. 181), wird B sich überschlagen und zu Boden fallen (Abb. 178).

Nach einiger Übung beherrscht A diesen Bewegungsablauf und geht nun einen Schritt zurück, sobald B sich in Bewegung setzt, um seine beiden Hände zu fassen. Wenn B's Arme ganz gestreckt sind, nimmt A dessen rechtes Handgelenk von unten, führt seinen Körper nach oben, dann B's rechte Hand wieder nach unten, und B fällt.

177

178

179

180

181

Vierte Stufe

182

183

27. Tekubi-kôsa-undô

A stellt sich bequem hin und schaut geradeaus; beide Arme befinden sich entspannt seitlich am Körper. Auf das Zeichen „Eins" beugt A beide Handgelenke und kreuzt sie vor seinem Körper (Abb. 182). Danach läßt er sie ganz entspannt und von selbst wieder auseinandergehen (Abb. 183). Diese Übung wird jeweils vier Mal wiederholt, wobei einmal die rechte und einmal die linke Hand außen ist.

B läßt A in der Bewegung anhalten, wenn beide Hände gekreuzt sind, und drückt an den Handgelenken nach oben. Sie sollten sich nicht bewegen lassen. A sollte auch mit seinem Körper nicht nach hinten fallen. Solange er beide Arme entspannt und an seinen Händen das Gewicht unten hält, bleiben seine Hände bei diesem Test ganz selbstverständlich unten. Wenn sich aber das Gewicht oben, also an den nach oben gerichteten Handinnenflächen befindet oder die Schultern angespannt sind, können die Hände beim Test mühelos nach oben gedrückt oder er kann mit seinem Körper nach hinten geworfen werden.

184

185

Nun faßt B mit seiner ganzen Kraft A an den Handgelenken. A versucht, die eben beschriebene Übung, das Überkreuzen der Handgelenke vor dem Körper, auszuführen (Abb. 184). Wenn A seine Handgelenke anspannt, wird er sie überhaupt nicht bewegen können, weil er mit B's Kraft kollidiert. Sobald er aber seine Arme und Hände vollkommen entspannt, das Gewicht unten hält und die Bewegung von den Fingerspitzen ausgehend macht, kann er sie ohne Mühe bewegen, unabhängig davon, wieviel Kraft B aufwendet, um ihn daran zu hindern (Abb. 185).

Dieses Prinzip läßt sich auch auf unseren Alltag übertragen. Die meisten von uns wenden Kraft an, sobald sie irgendwo auf Schwierigkeiten stoßen. Dann spannen sie sich ungeheuer an und verlieren auf diese Weise ihre Stärke. Hält man dagegen den Einen Punkt und entspant sich vollkommen, so kann man mit den meisten Schwierigkeiten mühelos zurechtkommen.

Als nächstes schwingt A beide Hände bis in Augenhöhe nach oben (Abb. 186).

A sollte sich nicht bewegen, wenn B mit beiden Händen versucht, seine Arme gegen seinen Körper zu drücken (Abb. 187).

Sobald A aber sein Ki anhält oder seine Schultern oder Arme anspannt, wird er sich ohne weiteres bewegen lassen.

A muß den Einen Punkt gut halten und die Arme bei der Schwingbewegung der Hände nach oben entspannen. Dann fließt seine Kraft zentrifugal, d.h. in Richtung seiner Handrücken.

188

186

187

189

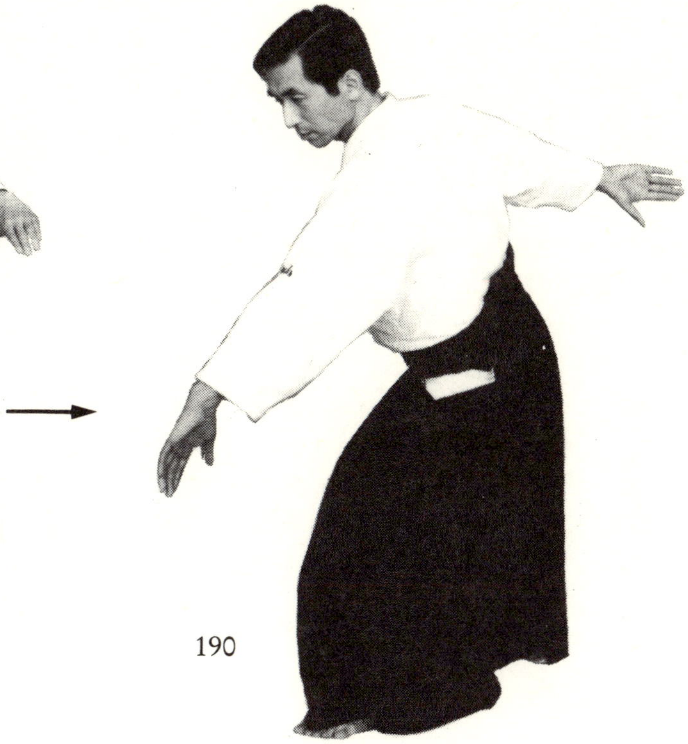

190

28. Ushiro-tori-undô

Bisher hat B immer von vorn angegriffen. A sollte jedoch in der Lage sein, auch mit Angriffen von hinten fertigzuwerden.

Bevor wir nun die Techniken für Angriffe von hinten lernen, wollen wir zunächst einige Übungen machen.

A stellt sich aufrecht hin, die Füße sind etwa eine Schulterbreite auseinander. Er läßt die Arme locker hängen und dreht sie dann mit den Handflächen nach oben so weit wie möglich nach außen (Abb. 188).

Auf das Zeichen „Eins" dreht er sie wieder nach innen und streckt sie so aus, daß sie ein gleichseitiges Dreieck bilden. Gleichzeitig geht er mit dem linken Fuß einen Schritt nach vorn. Seine Finger sollten jetzt gerade ausgestreckt sein und in die gleiche Richtung wie die Arme zeigen (Abb. 189).

Bei „Zwei" beugt A sein linkes Knie und streckt sein rechtes Bein ganz bequem aus, dabei neigt er den Oberkörper nach vorn. Seine linke Hand zeigt nach vorn zum Boden, die rechte Hand hat sich dabei mit Schwung ganz nach hinten bewegt. Das Gesicht zeigt ebenfalls geradeaus nach vorn (Abb. 190). Getragen von der natürlichen Reaktion auf diese Bewegung kehrt er in die aufrechte Ausgangsstellung zurück, vergleichbar mit einem Ball, den man zu Boden geworfen hat und der von ganz alleine wieder hochspringt.

Auf die Zeichen „Drei" und „Vier" macht A den ersten Schritt mit seinem rechten Fuß nach vorn und wiederholt die oben beschriebenen Bewegungen auf der anderen Seite.

191

192

A stellt sich wieder aufrecht hin und breitet die Arme wie die beiden Seiten eines gleichseitigen Dreiecks aus. B hält mit beiden Händen A's Oberarme fest und versucht, die ausgestreckten Arme mit aller Kraft zusammenzudrücken. Wenn A aber den Einen Punkt hält, sich entspannt und Ki fließen läßt, kann er seine Arme mühelos in dieser Stellung ausgestreckt lassen. Gleichgültig, wieviel Kraft B aufwendet, die Arme werden sich nicht zusammendrücken lassen (Abb. 191).

Nur wenn A seine Arme anspannt, kann B sie ohne weiteres zusammendrücken.

Nun stellt A seinen linken Fuß einen Schritt nach vorn, schwingt seine linke Hand nach unten, die rechte nach oben, und beugt den Oberkörper nach vorn. In dieser Haltung muß er unbeweglich bleiben können, auch wenn der Partner beim Test Arme und Hüften von hinten drückt (Abb. 192).

A bleibt unbeweglich, solange er nach vorn schaut, sich in seinem Einen Punkt sammelt und Arme und Beine vollkommen entspannt.

Nun steht A im rechten Hanmi und streckt seinen rechten Arm aus. Zunächst bildet er mit Daumen und Zeigefinger einen Ring und spannt ihn an. Nun drückt B A's rechte Hand in Richtung seiner Schulter. B's Kraft fließt auf diese Weise in A's Schulter mit der Folge, daß dieser sich bewegt.

Als nächstes beugt A den kleinen Finger und den Ringfinger. So wird B's gesamte Kraft in A's Einem Punkt absorbiert, und A wird sich nicht bewegen. Auf die eben beschriebene Weise ist die Linie des kleinen Fingers mit dem Einen Punkt verbunden. Wenn A diese Linie nach außen wendet, kann B A's Arme auch mit Kraftanwendung nicht zusammendrücken.

29. Ushiro-tekubi-tori-zenshin-undô

A stellt sich ganz bequem hin und läßt die Arme mit gebeugten Handgelenken seitlich hängen, die Fingerspitzen zeigen dabei nach oben (Abb. 193).

Auf das Zeichen „Eins“ schwingt er beide Hände hoch über den Kopf und geht gleichzeitig mit dem linken Fuß einen Schritt nach vorn (Abb. 195).

Auf das Zeichen „Zwei“ beugt er das linke Knie, läßt das rechte Bein gestreckt und beugt den Oberkörper nach vorn. Dabei schwingt er beide Arme wieder nach vorn in Richtung Boden (Abb. 196). Dann kehrt er in die Ausgangsstellung zurück und wiederholt diese Übung; diesmal geht er zuerst mit dem rechten Fuß nach vorn.

Sollte B A's Hände, in einer Haltung wie in Abb. 193, nach oben drücken, müssen die Arme unbeugbar und der Körper unbeweglich sein. Solange A den Einen Punkt hält, befindet sich das Gewicht seiner Arme an ihrem tiefsten Punkt.

Nimmt A eine Haltung wie in Abb. 195 ein, so versucht B, seine Hände nach unten zu drücken. Wenn A aber den Einen Punkt hält und sich vollkommen entspannt, dürfte dieser Druck keinerlei Wirkung zeigen. In einer Position wie in Abb. 196 testet B von hinten; ein Druck auf die Hüfte nach vorn sollte A nicht in Bewegung versetzen. B kann A auch dadurch testen, daß er seine Hände in Richtung der Schultern drückt. Solange A den Einen Punkt hält und sich entspannt, wird er unbeweglich bleiben.

30. Ushiro-tekubi-tori-kôshin-undô

A steht ganz bequem mit gebeugten Handgelenken da (Abb. 197).

Auf das Zeichen „Eins“ führt er beide Hände mit Schwung nach oben und geht mit dem linken Fuß einen halben Schritt zurück (Abb. 198). Dann kehrt er die Richtung seiner Hände um, so daß die Finger jetzt nach vorn zeigen (Abb. 199).

Bei „Zwei“ geht er mit dem rechten Fuß einen großen Schritt zurück und beugt den Oberkörper mitsamt den Armen nach vorn (Abb. 200).

Danach kehrt er in die Ausgangsstellung zurück und wiederholt diese Übung; dieses Mal beginnt er mit dem rechten Fuß. B kann A auf dieselbe Art und Weise testen wie bei Ushiro-tekubi-tori-zenshin-undô.

Bei der Rückwärtsbewegung besteht die Gefahr, daß man auch sein Ki zurückzieht. Man sollte also beim Zurückgehen besonders darauf achten, stark Ki nach vorn fließen zu lassen.

195

196

197

198

193

194

199

200

201

202

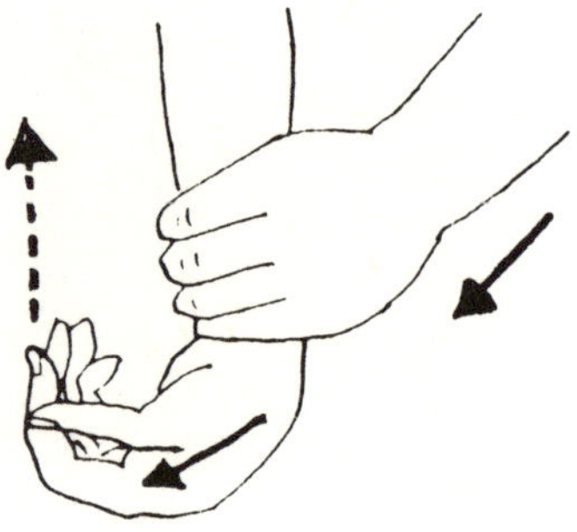

8

31. Ushiro-tekubi-tori Kokyû-nage

A stellt sich bequem aufrecht hin, und B greift seine beiden Handgelenke von hinten. A hat seine Arme vollkommen entspannt und beugt seine Handgelenke nach oben (Abb. 201).

Da die Fingerspitzen nach oben weisen, bewegen sich sowohl sein als auch B's Ki nach oben. A hebt jetzt beide Hände nach oben, so als wolle er sich am Kopf kratzen. B's Hände machen diese Bewegung ohne weiteres mit (Abb. 202). Nun richtet A seine Fingerspitzen nach vorn, läßt seine Handgelenke gebeugt und geht mit dem linken Fuß einen Schritt nach vorn (Abb. 203).

Er führt das Ki des Angreifers nach vorn, indem er Arme und Kopf nach unten bewegt. B wird auf diese Weise über A's Körper zu Boden fallen und nach vorn rollen (Abb. 204).

Wenn B A's Handgelenke hält, A dabei jedoch sein Ki zurückzieht, sind Geist und Körper nicht in Einheit. A muß bei dieser Technik den Einen Punkt halten, nach vorn schauen und auch sein Ki nach vorn schicken.

203

204

A beugt die festgehaltenen Handgelenke so, daß die Fingerspitzen nach oben zeigen. So bewegen sich sein Ki und das des Angreifers in Pfeilrichtung wie in Zeichnung 8.

Stellen Sie sich den Arm als einen Feuerwehrschlauch vor — die Fingerspitzen sind die Düse. Wenn A seine Hände von den Fingerspitzen aus nach oben bewegt, kann er die Kraft des Angreifers mühelos mit nach oben führen. Ohne sein Ki zu führen, wäre es jedoch nicht möglich, B's Hände nach oben zu bewegen.

Wenn A seine Hände nach oben schwingt oder seine Finger nach vorn richtet, darf er B's Hände nicht mit Kraft nach vorn ziehen, denn sonst würde dieser plötzlich loslassen. A muß seine Handgelenke gut gebeugt lassen und das Ki des Angreifers ohne Unterbrechung führen.

Will A den Angreifer nach links werfen, muß er mit dem linken Fuß einen Schritt nach vorn gehen, so daß die linke Hand ein kleines Stück weiter nach vorn ausgestreckt ist als die rechte.

32. Ushiro-tekubi-tori-kubi-shime Sankyô-nage

B steht hinter A und versucht, ihn mit seiner rechten Hand zu würgen, während er gleichzeitig A's linkes Handgelenk mit seiner linken Hand festhält.

A beugt nun sein linkes Handgelenk ganz nach innen und streckt den Handrücken nach außen; so bewegt er die Finger nach rechts. Auf dieselbe Weise beugt er sein rechtes Handgelenk und die Finger in Richtung Körpermitte (Abb. 205). Dabei muß A darauf achten, das Gewicht seiner Hände unten zu halten. Nun kreuzt er seine Handgelenke wie bei Tekubi-kôsa-undô und greift die Finger von B's linker Hand mit seiner rechten Hand von unten (Abb. 206).

In dem Augenblick, in dem sich die beiden Hände treffen, hebt A die linke Hand des Angreifers in einer kontinuierlichen Bewegung mit beiden Armen hoch, bis seine linke Hand auf der Höhe seiner Stirn ist (Abb. 207). Da A von dieser Position aus die linke Hand des Angreifers nicht ohne weiteres bewegen kann, läßt er sie da, wo sie ist, dreht die Hüfte im Uhrzeigersinn weiter und geht mit dem rechten Fuß links hinter B.

Gleichzeitig führt er B's Hand mit beiden Händen senkrecht nach unten (Abb. 208). Wenn B wieder nach oben gekommen ist, macht A Sankyô an B's linkem Handgelenk und wirft ihn dann nach vorn (Abb. 209 und 210).

205

206

207

208

209

210

Wenn B versucht, A zu würgen, dieser dabei aber Widerstand leistet, indem er sein Kinn einzieht, kann B ohne Schwierigkeiten Kinn und Hals umklammern und A auf diese Weise rückwärts zu Boden ziehen.

A muß seinen Geist im Einen Punkt im Unterbauch sammeln, damit er dort B's Kraft absorbieren kann. Jetzt kann B ihn nicht würgen.

In Abb. 206 kann A seine Hände mühelos bewegen, wenn er das Gewicht der Hände unten hält und die Bewegung von den Fingerspitzen ausgeht. So erreicht er die Finger der linken Hand des Angreifers ohne Schwierigkeiten und hält sie mit seiner rechten Hand fest. Um B's linke Hand hochzuheben wie in Abb. 207, braucht sich A nur so zu bewegen, daß B's linke Hand sich deshalb nach oben bewegt, weil die Kraft aus beiden Händen von A zusammenkommt, so wie die Gischt aufsteigt, wenn zwei Wellenberge aufeinanderprallen. Sollte A das richtige Timing hierfür versäumen, wird die Hand des Angreifers sehr schwer, und A wird große Mühe haben, sie nach oben zu bringen.

Aus der Position wie in Abb. 207 wird es schwierig für A, B's linke Hand weiter zu bewegen, weil jede weitere Anstrengung mit B's Kraft kollidieren wird. Bis dahin war es recht leicht für ihn, B's Arm zu bewegen. Nun sollte A, anstatt ihn weiter bewegen zu wollen, seine eigene Stellung verändern. Wenn A sich zur Seite wegbewegt hat, bleibt B's Hand ohne irgendeine Unterstützung sozusagen in der Luft hängen. Deshalb kann er sie aus dieser Stellung senkrecht nach unten führen und B damit aus dem Gleichgewicht bringen. So kann B ihn weder treten noch mit seiner rechten Hand erneut angreifen.

Lassen Sie mich im folgenden noch die Technik SANKYÔ erklären.

A greift B's linke Hand von der Kleinfingerseite her mit seiner rechten Hand. Nun dreht A die Hand ganz sanft in Richtung seiner Schulter, und zwar so weit, wie es auf natürliche Weise möglich ist. Er hält in der Drehung an, kurz bevor sie unnatürlich wird. B sollte bis zu diesem Punkt also keinerlei Schmerzen verspüren. Dann hält A die Finger von B's linker Hand mit seiner eigenen linken Hand fest und dreht diese nach rechts in Richtung auf die linke Schulter seines Partners. Er hält diese Drehung wiederum an dem Punkt an, bevor sie unnatürlich wird (Abb. 211).

Wenn A an dieser Stelle B's Hand nur ein winziges Stück nach oben in Richtung seiner Schulter drückt, wird dieser einen unangenehmen, stechenden Schmerz verspüren und nach oben springen. Sollte er in dieser Stellung versuchen, A mit seiner freien rechten Hand anzugreifen, bewirkt er damit nur selbst, daß sich der SANKYÔ-Griff verstärkt. Sobald B diesen Schmerz verspürt, wird er nicht mehr angreifen. Stattdessen wird B tun müssen, was A will. Diese Technik ist auch das beste Mittel für einen Polizisten, jemanden abzuführen.

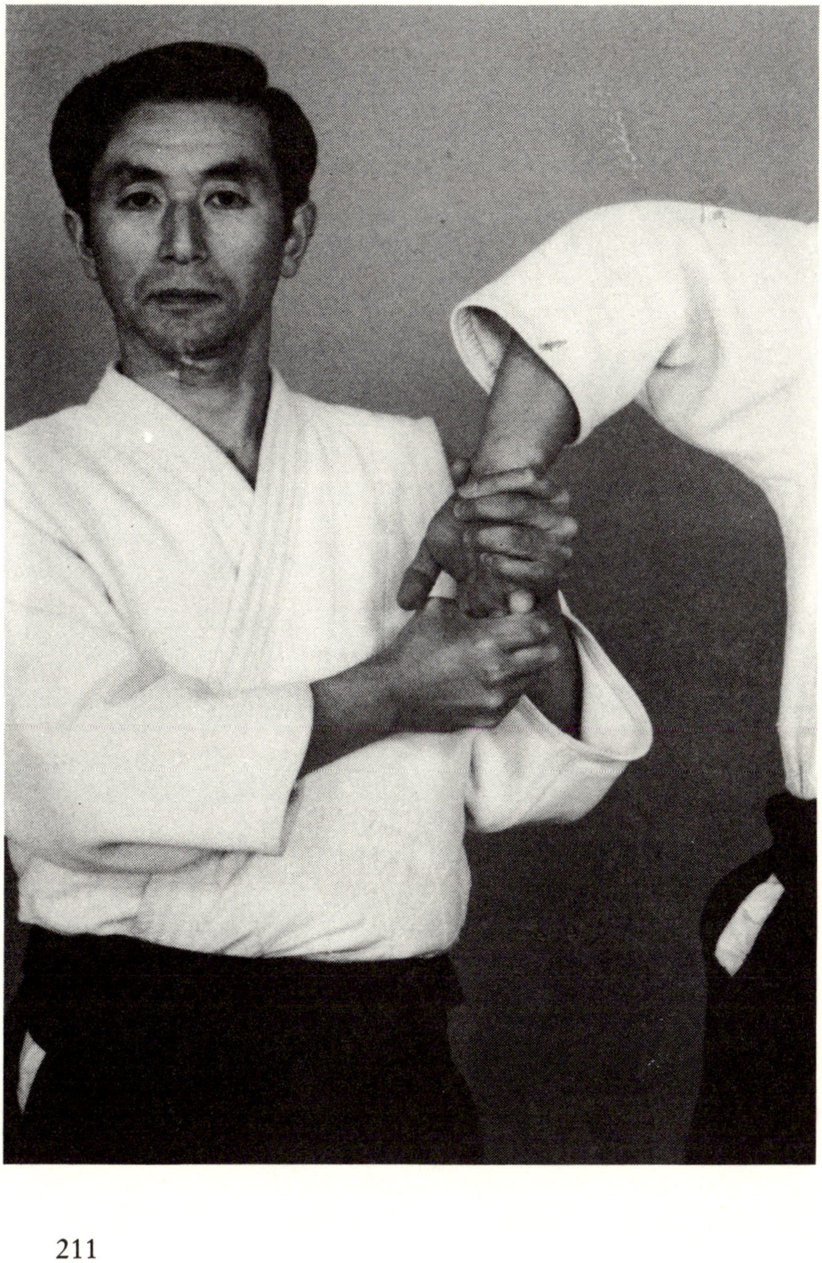

211

212

33. Ryôte-tori Tenchi-nage

Irimi

A steht im linken Hanmi, B im rechten. A streckt beide Arme nach vorn, und B hält beide Handgelenke von A fest. (Abb. 212).

Nun bewegt A seine Hüfte ein kleines Stück senkrecht nach unten und macht mit dem linken Fuß einen großen Schritt nach rechts hinter B. So führt er B's rechte Hand hinter ihn; währenddessen bewegt er seinen rechten Ellenbogen senkrecht nach unten. Ohne die rechte Hand nach oben oder nach unten zu bewegen, dreht A die Finger seiner rechten Hand nach oben. Durch beide Hände muß er dabei stets Ki fließen lassen (Abb. 213).

Nun richtet er sich wieder auf, während er seine rechte Hand mit einer Bewegung wie in Zeichnung 9 dargestellt nach oben schwingt (Abb. 214).

Er hebt sein rechtes Knie nach oben und deutet erst mit den Fingern seiner rechten Hand auf das Gesicht des Angreifers (Abb. 215), dann führt er sie unmittelbar an B's linker Gesichtshälfte vorbei Richtung Boden. A folgt dieser Bewegung, indem er seinen rechten Fuß weit nach vorn, also hinter B's Körper setzt.

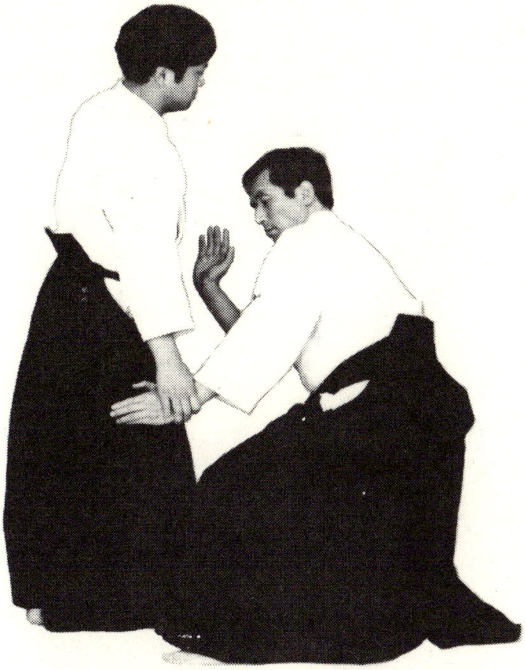

213

9

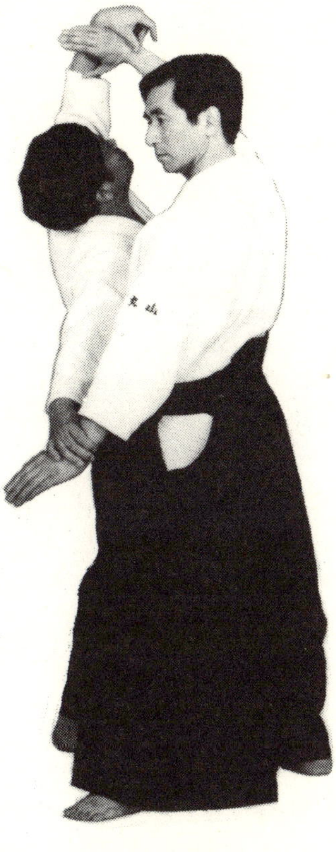

214

215

216

217

Solange B den Einen Punkt hält und das Gewicht seiner Hände unten hält, wird A Schwierigkeiten haben, diese Technik auszuführen.

B steht im rechten Hanmi und streckt seine geballte Faust geradeaus. Nun drückt A gegen die Faust und versucht, sie erst nach rechts, dann nach links zu bewegen. Da aber A's Kraft mit B's Kraft kollidiert, ist es an dieser Stelle relativ schwer, die Hand zu bewegen. Versucht A, die Faust wegzuziehen und auf diese Weise zu bewegen, so wäre das Ergebnis dasselbe.

Nun hält er jedoch B's Faust ganz locker und führt sein Ki weiter, so daß B seinen Arm ein wenig ausstrecken muß. Auf diese Weise kann er die Hand mühelos bewegen (Abb. 216).

Dasselbe Prinzip können wir im Alltag anwenden. Viele von uns regen sich über Kleinigkeiten auf und geraten sehr schnell in Anspannung. Ist man aber in Ruhe, gibt es nur wenige Schwierigkeiten in der Welt.

218

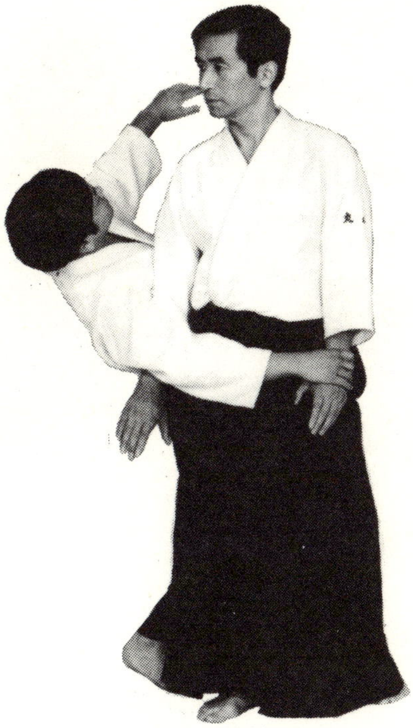

219

B steht im rechten Hanmi, hält gut den Einen Punkt und greift mit seiner rechten A's linke Hand. A steht im linken Hanmi und entspannt seine linke Hand vollkommen. Durch dieses Entspannen und dadurch, daß er das Gewicht unten hält, wird B's Arm ganz leicht gestreckt. So ist A imstande, den Arm des Angreifers mühelos zu bewegen. Sollte A versuchen, seine linke Hand rechts hinter B zu führen, so wird B's Kraft ihn daran hindern. Stattdessen muß er seine Hand entspannen und seine Finger nach rechts hinter B richten. Er bewegt nun seine linke Hand mit seiner linken Körperhälfte und geht mit dem linken Fuß einen großen Schritt rechts hinter B; dabei setzt er den rechten Fuß sofort an den linken heran (Abb. 218).

Abschließend setzt A seinen rechten Fuß weit hinter B und bewegt seine Schulter an B's Körper vorbei. B fällt auf diese Weise nach hinten (Abb. 219).

220

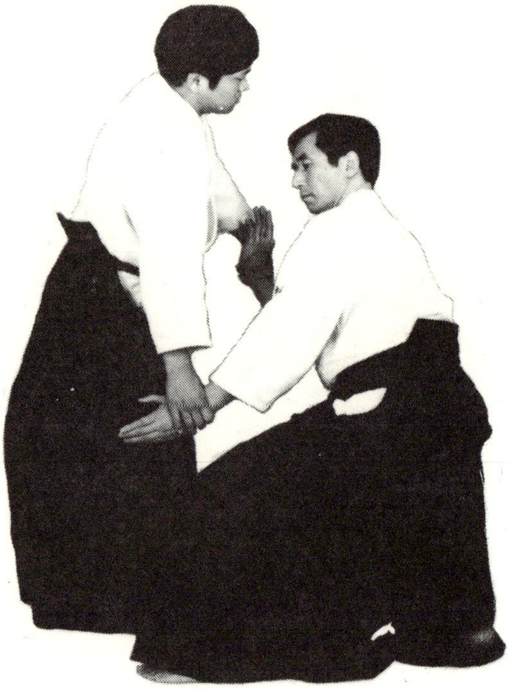

221

So ist es zwar möglich, B allein mit der linken Hand zu Fall zu bringen. Wenn er jedoch mit seinem rechten Arm um den Hals des Angreifers faßt, kann er nicht dieselbe Wirkung erzielen, weil er aus dieser Position keinen Schritt hinter ihn machen kann.

Wenn B vor A steht und sein ganzes Ki nach hinten schickt, braucht A nur seinen rechten Arm um B's Hals zu legen und senkrecht nach unten drücken, um ihn zu werfen. Der nach rückwärts gerichtete Ki-Strom macht es leicht, B in diese Richtung zu bewegen. Sollte er aber sein Ki nach vorn richten, so erreicht A mit dieser Bemühung überhaupt nichts.

B hält also den Einen Punkt und schickt sein Ki nach vorn. A versucht nun zunächst, ihn auf diese Weise nach unten zu drücken. Einmal wird ihm dies nicht gelingen, und zum anderen läuft er Gefahr, selbst von B geworfen zu werden.

Wenn A mit seiner linken Hüfte B's rechte Hand wegdrückt und mit dem linken Fuß einen Schritt nach vorn macht, geht er in die Hocke und führt, ohne das rechte Handgelenk zu bewegen, seinen rechten Ellenbogen nach unten, so daß die Finger der Hand nach oben zeigen (Abb. 221).

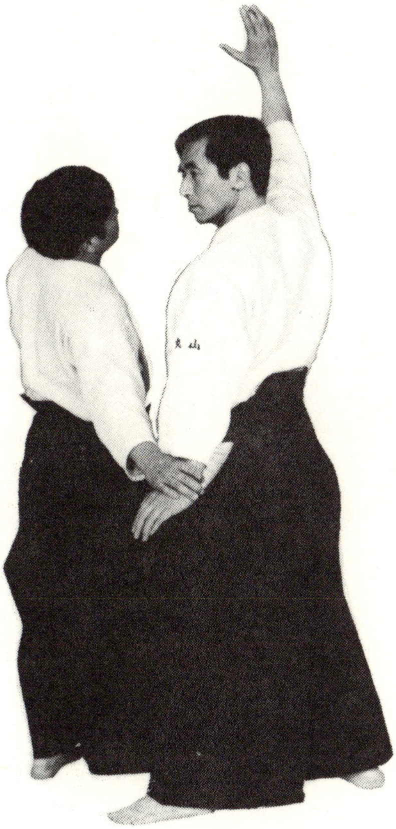

222

223

Dann richtet er sich wieder ganz auf, streckt seinen Arm so weit wie auf natürliche Weise möglich nach oben, so als wolle er den ganzen Himmel mit dieser Hand abstützen (Abb. 222).

Die Finger seiner rechten Hand weisen jetzt nach unten direkt auf B's Gesicht, und gleichzeitig hebt A sein rechtes Knie nach oben (Abb. 223). Dann führt er seine rechte Hand nach unten, so als wolle er seine Finger in die Erde bohren. Mit dieser Bewegung bringt er B zu Fall.

A braucht nicht unbedingt einen Partner, um diese Bewegung zu üben. Das Wichtige dabei ist, eine ganz dynamische Ki-Bewegung zu erzeugen, wenn man sich aus der Hocke wieder aufrichtet.

A führt das Ki seines Partners, das ursprünglich nach vorn gerichtet war, zuerst nach unten und dann wieder nach oben. Anschließend richtet er es nach hinten und über B's Stirn nach unten.

A übt die Bewegungen beider Arme erst einzeln und anschließend mit beiden Armen gleichzeitig. In dem Augenblick, in dem der Angreifer A's Hand fassen will, geht dieser in die Hocke, richtet sich wieder auf, um B's Ki zu führen und wirft ihn zu Boden.

224

225

Tenkan

A steht im linken und B im rechten Hanmi. B hält A an den Handgelenken fest (Abb. 224).

A dreht die Finger seiner rechten Hand an der Innenseite von B's Arm nach oben und richtet die linke Handfläche nach unten, so als sollte sie die Erde nach unten drücken.

A läßt seine Hände in dieser Stellung und geht mit den Zehen seines rechten Fußes einen Schritt zurück. Sobald es ihm gelungen ist, B mit der Bewegung seiner Hüfte ganz geradeaus nach vorn zu führen (Abb. 225), beginnt er mit einer Drehung nach rechts. Da B immer noch seine Handgelenke festhält, muß er aufgrund des Gesetzes der Zentrifugalkraft A's Bewegung folgen (Abb. 226). An einer passenden Stelle hält A an, führt seinen rechten Ellenbogen plötzlich senkrecht nach unten, richtet die Finger seiner rechten Hand nach oben und geht in die Hocke. So verliert B sein Gleichgewicht und fällt mit dem Oberkörper nach vorn (Abb. 227).

A richtet sich sofort wieder auf, führt seine rechte Hand und damit auch B weit nach oben (Abb. 228). Wenn er nun seine Finger zum Boden richtet, fällt B nach hinten (Abb. 229).

Beherrscht A diese Bewegungen im einzelnen, so kann er in dem Moment, in dem B versucht, seine Hände zu fassen, diese Technik jederzeit sowohl in *Irimi* als auch in *Tenkan* ausführen.

226

227

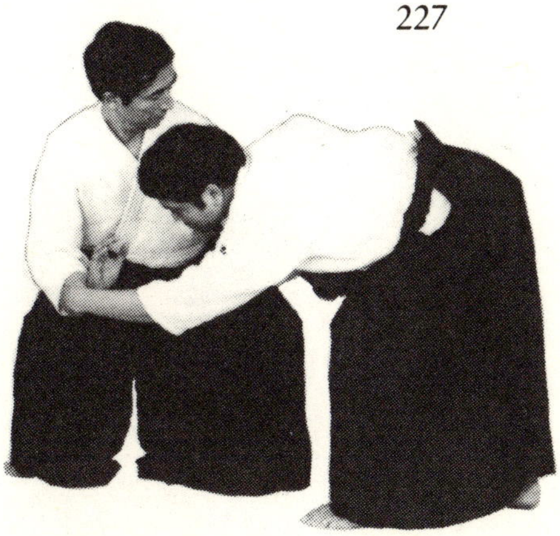

228

229

230

231

34. Ushiro-tori Kokyû-nage

B umklammert A mit beiden Armen von hinten. Da B ihn mit seiner ganzen Kraft festhält, kann A weder nach vorn gehen noch seine Arme nach oben heben (Abb. 230).

Daher läßt er sie, ohne sie nach oben zu bewegen, ganz gerade und entspannt herunterhängen. Dann dreht er die Muskeln seiner Oberarme nach außen und bewegt beide Arme nach hinten, während er kontinuierlich Ki durch sie fließen läßt (Abb. 231).

Jetzt dreht er die Muskeln der Oberarme wieder nach innen. Die Bewegung der Muskeln lenken die Oberarme und den Geist des Angreifers nach vorn. In diesem Moment kann A mühelos die Arme hochheben und ausbreiten, was B dazu zwingt, sich vom Boden weg nach oben zu bewegen. Gleichzeitig macht er mit dem rechten Fuß einen Schritt nach vorn (Abb. 232).

Dann beugt sich A nach vorn, weist mit dem rechten Zeigefinger auf den Boden vor sich und schwingt seine linke Hand weit hoch nach hinten.

B rutscht dadurch über A's Körper nach unten und fällt mit einem Überschlag nach vorn zu Boden (Abb. 233).

Das Wesentliche dieser Technik wird in Abb. 231 und 232 gezeigt, wenn A nämlich seine Arme erst nach außen und dann wieder nach innen dreht. Tut er das nicht, kann

232

233

er auch den Geist des Angreifers nicht bewegen und wird ganz hilflos dastehen, wenn er von einem großen, kräftigen Mann festgehalten wird. Mit den folgenden Übungen kann man dieses Prinzip erkennen und beherrschen lernen.

A stellt sich hin und streckt seine rechte Hand aus. B faßt mit beiden Händen und mit seiner ganzen Kraft das Handgelenk. Wenn A nun versucht, seine Hand nach vorn oder hinten, nach rechts oder links, nach oben oder unten zu bewegen, wird er große Schwierigkeiten haben, da er immer mit der Kraft des Angreifers in Kollision gerät.

Tatsächlich kann er aber das Handgelenk nach rechts oder links drehen, ohne es von der Stelle wegzubewegen, an der B ihn festhält. Da zwischen dem Knochen und der Haut seines Handgelenks noch ein Spielraum ist und B ihn ja nicht direkt am Knochen festhält, kann A sein Handgelenk hin- und herbewegen, solange er die Hand dabei entspannt. Allerdings — ohne den Arm und die Hand vollkommen zu entspannen, ist die Drehung des Arms nicht möglich.

B faßt A's rechten Oberarm mit seiner ganzen Kraft. Da gerade am Oberarm zwischen Knochen und Haut noch mehr Spielraum ist als am Handgelenk, kann A jetzt seinen Oberarm viel leichter als zuvor nach rechts oder nach links drehen.

Gleichgültig also, wie stark der Angreifer A umklammert, kann dieser jetzt ohne Mühe seine Arme nach außen und wieder nach innen drehen, solange er sich dabei vollkommen entspannt. Bei dieser Drehung der Oberarme nach außen versucht A gleichzeitig, seine Arme auszubreiten und sie so nah wie möglich an B's Arme heranzubringen. Dadurch reiben seine Oberarme an der Innenseite von B's Armen, wodurch er diese nach vorn führen und seine eigenen Arme so ausbreiten kann, daß sie zwei Seiten eines gleichseitigen Dreiecks bilden. Wenn A durch dieses Reiben nicht dicht genug an B's Oberarme herankommt, kann er seine Arme nicht zur Seite ausstrecken. Beim Ausstrecken der Arme muß A besonders darauf achten, nicht gegen den B's gebeugten Unterarm, also die Gegend zwischen Ellenbogen und Finger, zu stoßen. Wenn das passiert, kann A sich nicht mehr rühren, weil er mit B's Kraft kollidiert.

A sollte den Angreifer nur an den in Zeichnung 10 verdeutlichten Stellen (den Linien an den Oberarmen) führen. Kurz bevor er beim Reiben der Arme an das Ende dieser Linie gelangt, sollte er aufhören und einfach nach vorn laufen. Geht er darüber hinaus, gerät er wiederum in Kollision mit B's Kraft. Wenn es ihm leicht fällt, nach vorn zu laufen, so bedeutet das, daß er B richtig geführt hat.

Wenn A nun in Abb. 232 mit dem rechten Fuß nach vorn geht, muß diese Bewegung ganz geradeaus gerichtet sein. Falls er nämlich den rechten Fuß vor den linken setzt und mit dem Oberkörper nach links dreht, folgt B ihm nach und rutscht nach rechts. Dabei macht B ganz natürlich mit dem rechten Fuß einen Schritt nach vorn. Als Folge davon kann A ihn nicht mehr werfen, denn B's rechtes Bein wirkt jetzt wie eine Klammer.

A muß also auf dem rechten Fuß kerzengerade nach vorn gehen und sich mit seinem Oberkörper ebenso gerade nach vorn bewegen, ohne sich auch nur einen Millimeter nach links zu drehen. Dann kann B mit seinem linken Fuß keinen Schritt mehr nach vorn machen. Stattdessen fällt er mit seinem ganzen Gewicht auf A's Rücken. Genau in diesem Moment beugt sich A nach rechts vor, schwingt seine rechte Hand nach unten und die linke nach oben in Richtung seines Rückens. Dadurch rutscht B von seinem Rücken herunter, und der Wurf gelingt.

Beim Werfen muß A immer in die Richtung des Wurfs schauen. Dreht er sich dabei nachlässig um, so verliert er sein Gleichgewicht und fällt zusammen mit B zu Boden.

Viele halten sich für absolut hilflos, sobald man sie von hinten umklammert. Dieses Denken ist sehr negativ. Man sollte stattdessen denken, daß man dem Angreifer erlaubt, anzugreifen. Durch die vorangegangenen Übungen sollte A nämlich gelernt haben, daß er, obwohl er B erlaubt, ihn festzuhalten, mit einem einzigen Gedanken und einer einzigen Bewegung die ganze Situation verändern kann. Nun kann er es sein, der B festhält. Dies ist eine positive Art und Weise zu denken, eine Entscheidung für die „Plus"-Seite des Lebens. Es bedeutet, daß A nicht davon abhängig sein muß, daß B ihn losläßt.

Niemand sollte sich dadurch entschuldigen oder aus der Affäre ziehen, daß er sagt: „Ich kann nichts dafür, denn ich bin kein guter Mensch, und außerdem hatte ich keine Wahl" oder: „Ich bin so geworden, weil meine Eltern so schlecht sind." Einfach abzuwarten, daß alles von alleine besser wird, führt zu gar nichts. Wenn jemand einzig und allein von Veränderungen in der Umgebung abhängig ist, ist sein Leiden schon vorprogrammiert. Denn auf eine positive Veränderung der Gesellschaft zu warten, ohne etwas bei sich selbst zu verändern, ist so, als warte man darauf, daß ein verschmutztes Gewässer von alleine wieder sauber wird. Auch wenn unser soziales Umfeld sich möglicherweise nicht verändert, können wir trotzdem uns selbst verändern. Wir müssen erkennen, daß wir in uns selbst vielleicht allein schon dadurch das Negative ins Positive verwandeln können, daß wir zur rechten Zeit die Richtung des Denkens oder die Methode ändern.

Wenn wir das verstanden haben, wird es uns sehr viel besser gehen, unabhängig davon, ob sich das Umfeld verändert oder nicht.

10

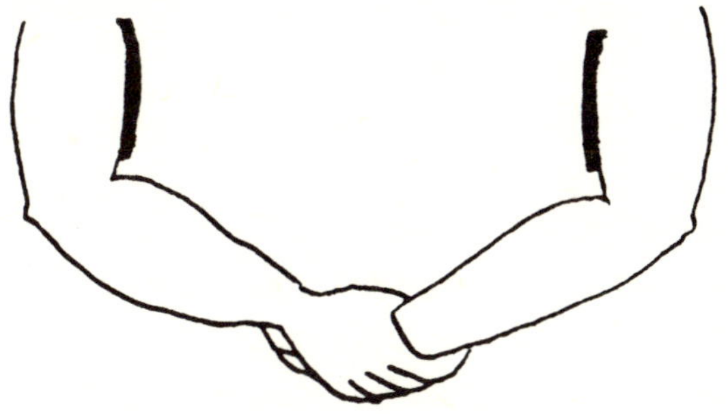

234

235

35. Katate-tori-ryôte-mochi Kokyû-nage (1)

B steht im rechten Hanmi und hält mit beiden Händen A's linkes Handgelenk fest (Abb. 234). Da B den Einen Punkt hält, kann A seine linke Hand nicht mehr bewegen. A steht im linken Hanmi, entspannt seinen rechten Arm und achtet darauf, ganz gleichmäßig und stark Ki nach außen fließen zu lassen. Nun bewegt A sich direkt auf B zu. Auf diese Weise gehen seine und B's Kraft in dieselbe Richtung (Abb. 235).

A verändert die Stellung des rechten Armes nicht, dreht seine Hüfte schwungvoll nach rechts, stellt gleichzeitig seinen rechten Fuß hinter B und führt schließlich den linken an den rechten Fuß heran (Abb. 236). A's linker Arm und B's Ki werden durch die Finger von A's linker Hand geführt. Nun kann A mit dieser Hand B mühelos führen, wohin er will.

A bewegt seinen linken Arm zuerst nach unten (Abb. 237) und anschließend kreisförmig nach oben wie bei Ude-mawashi-undô (Abb. 238). B wird dieser Bewegung ohne weiteres folgen. Anschließend deutet A mit den Fingerspitzen seiner linken Hand auf B's Gesicht; B wird daraufhin nach hinten fallen (Abb. 239).

Als nächstes kann A diesen Bewegungsablauf in einem einzigen Zug durchführen. Wenn A auf B zugeht, muß er ganz stark aus seinen Augen Ki strömen lassen und B dabei direkt ins Gesicht schauen. B wird unbewußt darauf antworten, indem er selbst aus seinen Augen Ki fließen läßt, um A's Ki zu bekämpfen. Unmittelbar bevor die beiden Ki miteinander kollidieren, dreht A sein Gesicht in dieselbe Richtung wie B, während er sich mit dem ganzen Körper nach rechts dreht. Auf diese Weise folgt B seinem eigenen Trägheitsmoment, das ihn zu Fall bringt, sobald A seinen Arm kreisförmig nach unten führt. Diesen Vorgang nennen wir „das Ki des Angreifers wecken".

Schließlich kann A den Angreifer bereits in dem Augenblick führen, in dem dieser seine Hand zu fassen bekommt.

236

237

238

239

Fünfte Stufe

240

241

36. Zagi-handachi Shômen-uchi Kokyû-nage

A sitzt B gegenüber auf den Fersen. B versucht, mit seiner rechten Hand A's Stirn zu treffen (Abb. 240).

Sobald B's Ki sich in Bewegung setzt, schwingt A seine rechte Hand mit Ikkyô-undô nach oben an die Außenseite des angreifenden Armes. B's Ki wird auf diese Weise an A's Arm abgeleitet und zu Boden geführt (Abb. 241).

In diesem Moment dreht er gleichzeitig seinen Körper nach rechts und führt mit der rechten Hand den Arm und mit der linken den Nacken des Angreifers nach unten (Abb. 242).

242

243

Im Stehen kann A seinen Körper weiterdrehen, aber im Sitzen ist dies nur begrenzt möglich.

Wenn A sitzt, muß der Angreifer mit seinem Körper nach unten gehen, um A treffen zu können. A führt B's Nacken so nach unten, als wolle er dessen Gesicht zu Boden werfen. Als natürliche Reaktion hierauf wird er wieder nach oben gehen. A unterstützt diese Aufwärtsbewegung, indem er seine Hand nach oben schwingt. Auf diese Weise wird B nach oben geleitet und fällt rückwärts zu Boden (Abb. 243).

244

245

37. Zagi-handachi Mune-tsuki Kote-gaeshi

A sitzt B gegenüber auf den Fersen. B versucht, mit seiner rechten Faust A's Brustkorb zu treffen (Abb. 244). In dem Augenblick, in dem die Faust des Angreifers den Brustkorb berührt, dreht sich A auf seinem linken Knie nach rechts. Die Faust geht an A vorbei ins Leere. Nun führt A diese Faust mit seiner linken Hand nach unten. B wird auf diese Weise nach vorn fallen (Abb. 245).

Anschließend führt er B's Faust nach oben, beugt sein Handgelenk (Abb. 246) und führt es unter Zuhilfenahme seiner rechten Hand nach unten. B fällt zu Boden (Abb. 247), und im gleichen Moment läßt A seine rechte Hand an B's Arm bis zum Ellenbogen hinuntergleiten und dreht B's Körper mit beiden Händen, sodaß dieser jetzt mit dem Gesicht nach unten auf dem Bauch liegt (Abb. 248).

A hält B am Boden auf dieselbe Weise fest wie bei Mune-tsuki Kote-gaeshi im Stand (Abb. 249).

246

247

248

249

38. Zagi-handachi Yokomen-uchi Kokyû-nage

A sitzt B gegenüber auf den Knien. B versucht, A mit seiner rechten Hand (und gestreckten Fingern) links aufs Gesicht zu schlagen.(Abb. 250).

A dreht sich auf seinem rechten Knie nach links. Die Zehen sind dabei aufgestellt. Dann schwingt er beide Arme ganz entspannt nach oben (Abb. 251).

Wenn B sein Gleichgewicht verliert und nach vorn fällt, schlägt A mit seiner linken Hand den rechten Arm und mit der rechten den Nacken des Angreifers nach unten.

B wird mit einem Überschlag zu Boden fallen (Abb. 252).

A sollte B's Arm und Nacken natürlich nicht wirklich schlagen, sondern mit beiden Händen nur stark Ki fließen lassen, um B mit seinem Ki zu treffen. B wird zu Boden fallen, noch bevor A ihn mit seinen Händen berührt hat.

250

251

252

39. Mune-tsuki Kokyû-nage (Zempô-nage)

A steht im rechten Hanmi. B geht mit seinem rechten Fuß einen Schritt nach vorn und versucht, A's Brustkorb mit seiner rechten Faust zu treffen (Abb. 253).

A dreht sich ein wenig nach rechts und geht dabei mit seinem rechten Fuß einen Schritt zurück. So kann die Faust des Angreifers ihn nirgendwo treffen (Abb. 254).

Er leitet B's Faust mit seiner rechten und B's Ellenbogen mit seiner linken Hand, bewegt den Arm zuerst ein wenig nach unten und unmittelbar darauf mit B's Reaktion wieder nach oben. So bewegt sich auch B's Ki nach oben (Abb. 255). B's Körper wird nun wieder nach unten gehen wollen, und so führt A B's Arm nach unten, der dadurch zu Boden fällt (Abb. 256 und 257).

Wenn A einen Schritt zurück geht, sollten sein rechter und sein linker Fuß parallel zu B's Angriffslinie stehen. Dann kann er den Angreifer nach vorn führen, ohne mit dessen Kraft in Kollision zu geraten.

An dieser Stelle wollen wir noch einmal die fünf Prinzipien des Shin-Shin-Tôitsu-Aikidô wiederholen.

1. Ki fließen lassen

Wenn B seinen Angriff beginnt, muß A stark Ki fließen lassen, denn sonst kann das Ki des Angreifers in ihn eindringen.

2. Den Geist des Partners erkennen

A hat sehr wohl wahrgenommen und begriffen, daß B auf ihn zugeht, um ihn zu schlagen.

3. Das Ki des Partners respektieren

A muß B in der Richtung seines Angriffs führen. Dreht er sich zu weit nach rechts, müßte er B's Richtung verändern, was zu einer Kollision mit dessen Kraft führen würde.

4. Sich an die Stelle des Partners versetzen

A muß seinen Körper in eine Haltung bringen, in der er B's rechten Arm ganz entspannt halten kann.

5. Mit Selbstvertrauen führen

A führt B mit den Auf- und Abwärtsbewegungen seines Einen Punktes.

Diese fünf Prinzipien können nicht nur bei Aikidô-Techniken, sondern auch im Alltag Anwendung finden. Die Techniken des Shin-Shin-Tôitsu-Aikidô sollten stets in Einheit von Geist und Körper gelernt und praktiziert werden. Erst dann kann man leben, ohne ständig mit anderen in Kollision zu geraten.

253

254

255

256

257

40. Munetsuki Kokyû-nage (Sudôri)

A steht im rechten Hanmi. B geht mit dem rechten Fuß einen Schritt nach vorn und schlägt mit seiner rechten Faust auf A's Brustkorb (Abb. 258).

Wenn A den Einen Punkt hält, kann er spüren, wann B's Ki kommt, noch bevor die Faust sich bewegt hat. In dem Moment, in dem sich das Ki des Angreifers bewegt, geht A mit dem linken Fuß einen Schritt nach vorn und läßt sich auf das rechte Knie hinunterfallen. A muß mit seinem Körper so tief wie möglich hinuntergehen und sich dabei ganz rund machen; er stabilisiert sich dadurch, daß er die Hände auf den Boden legt (Abb. 259).

So schlägt B ins Leere, wo er zuvor A's Körper vermutet hatte, kann nun jedoch die Bewegung nicht mehr anhalten. Er spürt die Berührung mit A's Körper an seinen Unterschenkeln, kommt aus dem Gleichgewicht und fällt über ihn zu Boden (Abb. 260).

Wenn B zum Angriff ansetzt, sollte A sein Vorhaben nicht verraten, indem er zu Boden schaut. Vielmehr sollte er B's Ki in die Irre führen, indem er ihm geradewegs in die Augen schaut.

258

259

260

262

261

41. Mune-tsuki Kokyû-nage (Kaiten-nage)

A steht im rechten Hanmi. B geht mit dem rechten Fuß einen Schritt nach vorn und versucht, mit seiner rechten Faust A's Brustkorb zu treffen (Abb. 261).

A geht rechts einen Schritt zurück und läßt auf diese Weise den Angreifer ins Leere schlagen. Gleichzeitig drückt er B's rechtes Handgelenk mit seiner linken Hand nach unten und legt dann seine rechte Hand leicht auf B's gesenkten Kopf (Abb. 262).

Nun hält er B's rechte Hand mit seiner linken fest und führt sie nach oben und rechts hinter B (Abb. 263). Dann schiebt er ihn mit seiner rechten Hand, die immer noch auf B's gesenktem Kopf liegt, in die Richtung seiner Bewegung nach vorn.

B wird sich einmal überschlagen und in dieser Richtung zu Boden fallen (Abb. 264).

Sobald A die äußere Form dieser Technik beherrscht, sollte er üben, wie er B in einer einzigen flüssigen Bewegung werfen kann. Er sollte ihn dann werfen, während er im Moment des Angriffs ein kleines Stück zurückgeht.

263

264

265

266

42. Katate-tori-ryôte-mochi Kote-gaeshi

A steht im linken Hanmi und streckt seine linke Hand nach vorn. B ist im rechten Hanmi und faßt A's linke Hand, so als würde er mit beiden Händen ein Schwert halten. Nun hält B gut den Einen Punkt und läßt durch seine Arme hindurch bis hoch zu A's linker Schulter Ki fließen (Abb. 265).

A versetzt sich an B's Stelle, ganz wie bei Katate-tori-ryôte-mochi Kokyû-nage (Seite 140 - 141) und schwingt beide Arme nach oben (Abb. 266 - 268).

Auf diese Weise verliert B sein Gleichgewicht und fällt nach vorn, wenn A beide Arme wieder nach unten führt. A hält mit seiner rechten Hand B's linkes Handgelenk mit Kote-gaeshi (Abb. 269).

A setzt nun diese kreisförmige Bewegung fort und führt damit B's linkes Handgelenk nach oben, beugt es (Abb. 270) und führt es mit seiner linken Hand nach unten. B fällt zu Boden (Abb. 271).

A fixiert B am Boden auf dieselbe Art und Weise wie bei den anderen Kote-gaeshi-Techniken.

267

268

269

270

271

43. Katate-tori-ryôte-mochi Kokyû-nage (2)

A steht im linken und B im rechten Hanmi, und B hält A's linkes Handgelenk mit beiden Händen (Abb. 272).

Nun versetzt sich A wie bei Katate-tori-ryôte-mochi Kokyû-nage (1) an B's Stelle, führt seine linke Hand nach unten und schwingt seine rechte Hand nach hinten, während er seinen linken Fuß nach rechts setzt (Abb. 275).

Bevor B eine stabile Haltung gefunden hat, springt A hinter ihn und wirft ihn auf dieselbe Weise wie bei Katate-kôsa-tori Kokyû-nage (Abb. 276 bis 279).

274

273

272

275

276

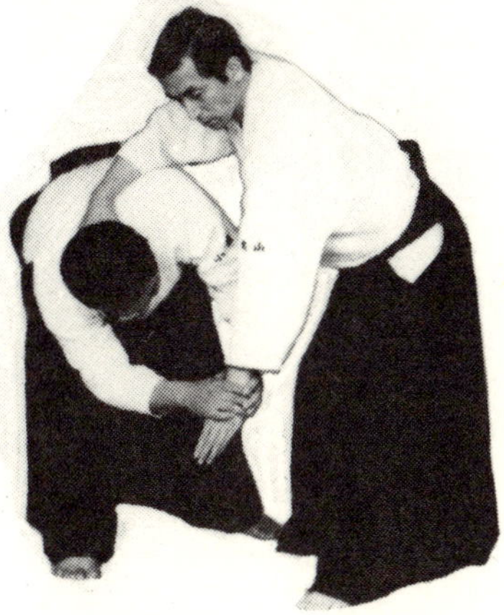

277

279

278

281

280

44. YOKOMEN-UCHI KOTE-GAESHI

A steht im linken Hanmi. B schwingt seine rechte Hand nach oben, geht mit dem rechten Fuß einen Schritt nach vorn und versucht, A's linke Gesichtshälfte zu treffen (Abb. 280).

Dieser geht mit dem rechten Fuß einen Schritt nach vorn, dreht sich nach rechts und setzt den linken Fuß einen Schritt zurück, wobei er die Arme mit Schwung nach oben und dann nach unten bewegt, um B's Arm nach unten zu führen (Abb. 281).

A führt diese Bewegung weiter, indem er B's rechtes Handgelenk mit seiner linken Hand nach oben schwingt (Abb. 282). Dann beugt er B's Handgelenk mit KOTE-GAESHI und unterstützt diese Bewegung mit seiner linken Hand, um es nach unten zu führen. So kann er B zu Boden werfen (Abb. 283).

282

283

284

285

45. YOKOMEN-UCHI KOKYÛ-NAGE (2)

A steht im linken Hanmi. B schwingt seine rechte Hand nach oben und geht mit dem rechten Fuß nach vorn, um A's linke Gesichtshälfte zu treffen (Abb. 284).

A schwingt beide Hände nach oben, dabei geht er mit dem linken Fuß einen großen Schritt zurück. Dann führt er B's rechte Hand nach unten und hält sie mit seiner rechten Hand von oben fest. Er setzt den rechten Fuß an den linken heran und schwingt seine linke Hand nach hinten (Abb. 285). Da er sich auch mit der Hüfte nach links bewegt hat, lastet sein Gewicht ganz natürlich auf seinem linken Fuß. A nutzt nun die natürliche Reaktion seines Körpers aus und springt, während er B's rechte Hand nach oben führt, rechts hinter B (Abb. 286). Sobald er nach diesem Sprung auf dem Boden aufgekommen ist, legt er seine linke Hand um B's Nacken und führt mit seiner rechten Hand B's Körper nach unten. Seine rechte Hand wirft dabei B's Hand nach unten (Abb. 287), um sogleich wieder nach oben zu kommen. Damit führt er B gleichfalls nach oben (Abb. 288) und kann ihn wie bereits bei SHÔMEN-UCHI KOKYÛ-NAGE (S. 92 - 93) werfen (Abb. 289).

286

287

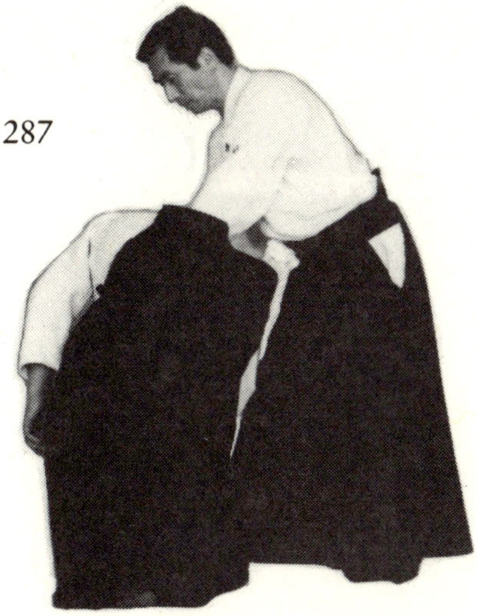

288

289

291

290

46. SHÔMEN-UCHI KOTE-GAESHI

Diese Technik beginnt wie SHÔMEN-UCHI KOKYÛ-NAGE, außer daß A, statt seine linke Hand auf B's Nacken zu legen, nun mit dieser B's rechtes Handgelenk faßt.

A unterstützt mit seiner linken Hand B's Schlag nach unten, so daß dieser nach vorn fällt (Abb. 291). Dann nutzt er B's Reaktion und führt ihn wieder nach oben (Abb. 292).

A beugt B's Handgelenk mit KOTE-GAESHI und führt es mit seiner rechten Hand nach unten. So kann er ihn mühelos werfen (Abb. 293).

292

293

294

295

47. Shômen-uchi Ikkyô

Irimi

A steht im rechten Hanmi, und B versucht, mit seiner rechten Hand A's Stirn zu treffen (Abb. 294). A führt beide Arme mit Schwung nach oben, so daß seine rechte Hand B's rechtes Handgelenk und seine linke Hand B's rechten Ellenbogen berühren (Abb. 295). Sobald er den Arm berührt, führt er ihn in einem Bogen auf den Angreifer zurück und senkrecht nach unten (Abb. 296). Er setzt er diese Bewegung fort, indem er mit seinem linken Fuß einen großen Schritt nach vorn geht — dadurch fällt B auf den Bauch (Abb. 297). A kniet sich dann hin — die Zehen sind dabei aufgestellt und das linke Knie liegt in B's Achselhöhle — und fixiert B's Arm. Dieser sollte ein kleines Stück höher liegen als die Schulter.

Drückt A den Arm auf den Boden, kann B relativ leicht aufstehen. Er sollte stattdessen den Einen Punkt halten und den Arm nur ganz leicht berühren. So wird B nicht in der Lage sein, aufzustehen. A sollte den Arm auch vom Handgelenk aus ein klein wenig strecken, um B's Ki an dieser Stelle zu stoppen. Das macht es dem Angreifer noch schwerer, aus dieser Position aufzustehen.

Wenn A anfangs die Richtung von B's Arm verändert (Abb. 295), sollte er ihn nicht wie in Zeichnung 11 a zurückdrücken. Vielmehr sollte er den Einen Punkt halten, seine Arme entspannen und sie wie bei Ikkyô-undô nach oben schwingen, um die Kraft des Angreifers in einem Bogen nach unten führen zu können (Zeichnung 11 b).

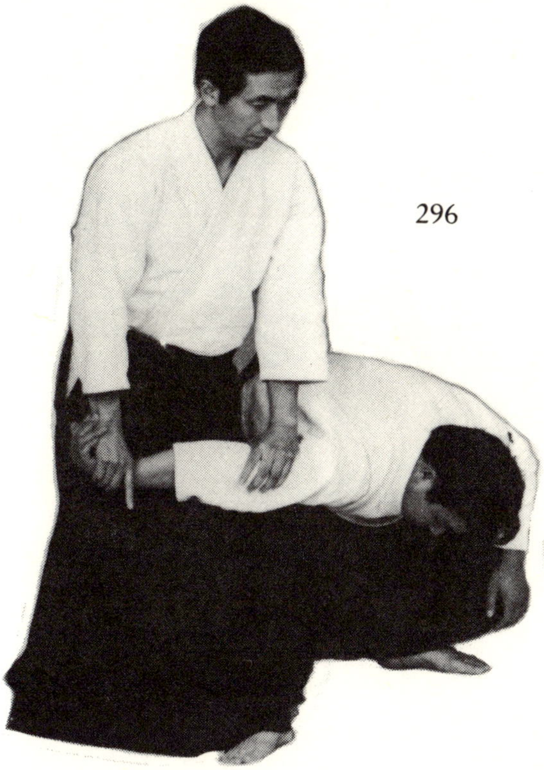

296

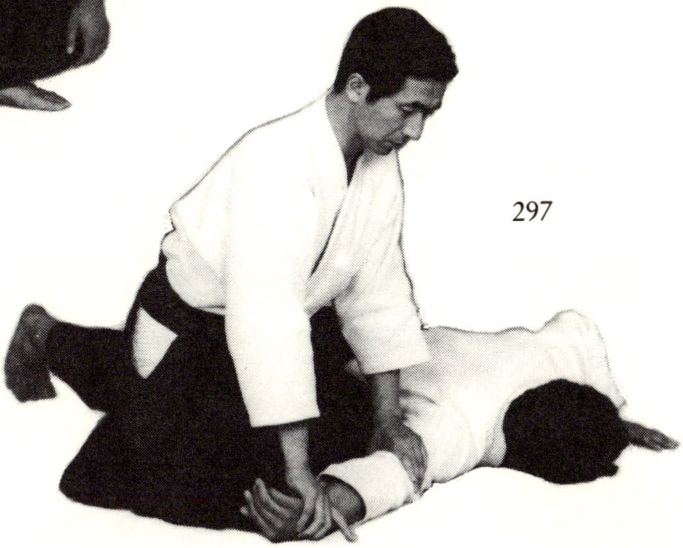

297

11

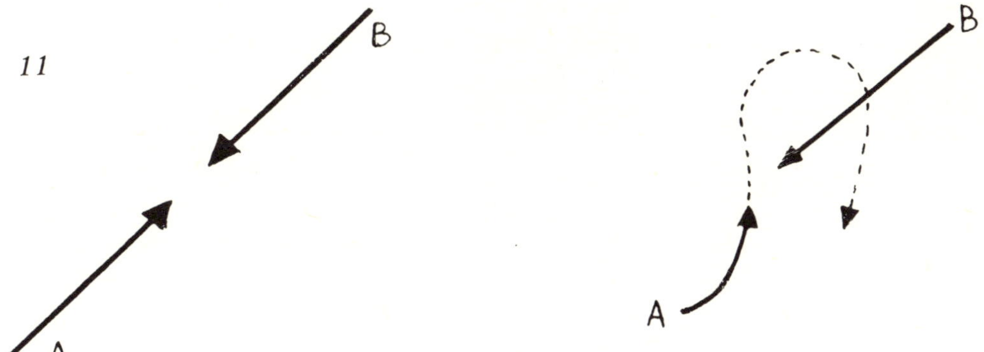

a **b**

Wenn B zum Schlag ausholt (Abb. 298), geht A mit dem linken Fuß nach vorn und hinter B, während er seine Arme nach oben schwingt (Abb. 299). Dann führt er B's Arm mit Schwung nach unten zu Boden, wobei er sich gleichzeitig nach rechts dreht (Abb. 300). B muß sich dadurch um A herumbewegen und zu Boden fallen (Abb. 301).

A sollte bei dieser Technik B's Arm nicht zur Seite ziehen. B könnte dann nämlich Widerstand leisten. A sollte den Arm einfach nur nach unten führen, indem er das Prinzip „Gewicht unten halten" anwendet. So wird B automatisch mitgehen müssen.

299

298

300

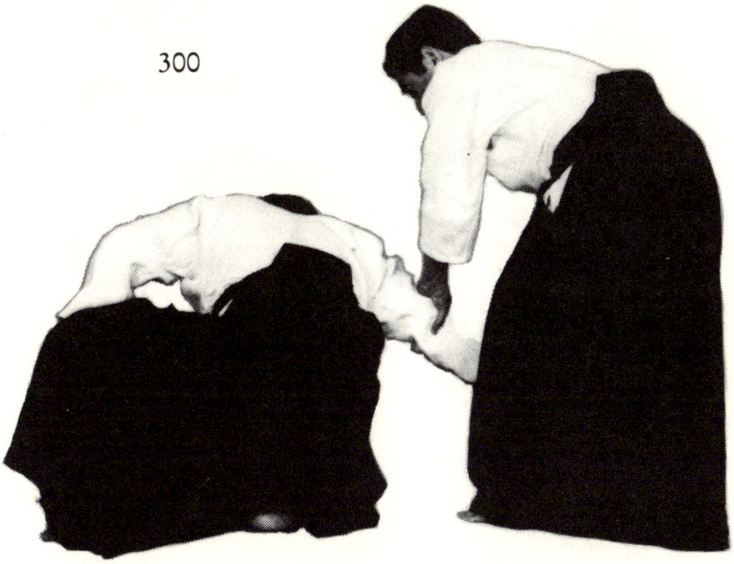

301

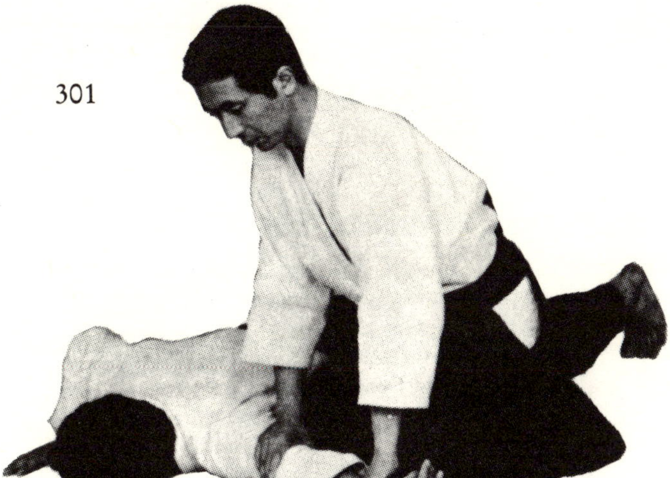

302

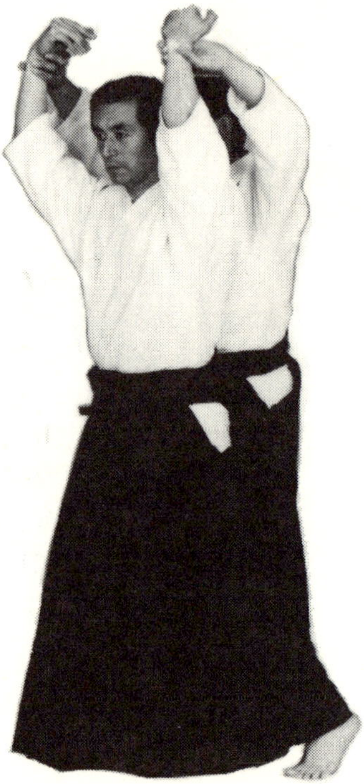

303

304

48. USHIRO-TEKUBI-TORI KOTE-GAESHI

B steht hinter A und hält ihn an beiden Handgelenken fest (Abb. 302). Nun führt A B's Hände nach oben wie in USHIRO-TEKUBI-TORI KOKYÛ-NAGE (Seite 122). Dabei setzt er seinen linken Fuß einen kleinen Schritt zurück, ohne den Oberkörper zu bewegen (Abb. 303). Anschließend geht er rechts ganz weit zurück und führt, indem er seinen Oberkörper nach vorn beugt, B nach unten (Abb. 304). Sobald dieser sein Gleichgewicht verliert, faßt A mit seiner linken Hand B's rechtes Handgelenk (Abb. 305) und macht KOTE-GAESHI, um ihn so zu Boden zu werfen (Abb. 306 — 307).

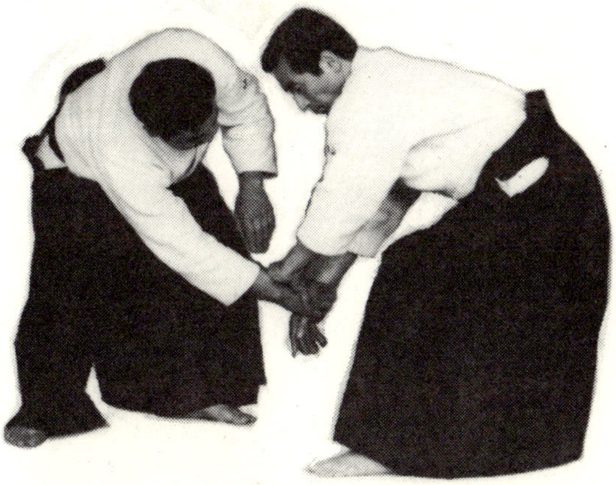

305

306

307

308

309

310

49. Ushiro-tekubi-tori Ikkyô

B steht hinter A und hält ihn an den Handgelenken fest (Abb. 308). A beugt beide Handgelenke und richtet seine Finger nach oben — so kann er B's Hände nach oben führen, während er gleichzeitig mit dem linken Fuß einen Schritt zurückgeht (Abb. 309). Anschließend setzt er seinen rechten Fuß einen großen Schritt zurück und beugt den Oberkörper nach vorn, um so den Angreifer nach vorn und zu Boden zu führen (Abb. 311). Er legt seine rechte Hand auf B's Ellenbogen (Abb. 312), faßt das Handgelenk mit seiner linken und beugt es so, daß die Finger nach vorn zeigen (Abb. 313). Dann richtet er sich wieder auf und führt B nach unten (Abb. 314).

Wenn A sich wieder aufrichtet, sollte er B's Arm nicht bewegen. Er sollte zunächst durch B's Ellenbogen Ki fließen lassen und sich erst danach aufrichten. B's Handgelenk bewegt sich auf diese Weise ganz natürlich nach oben, und demzufolge muß er zu Boden fallen, denn sein Ellenbogen wirkt wie ein Hebel auf seinen ganzen Körper.

311

312

313

314

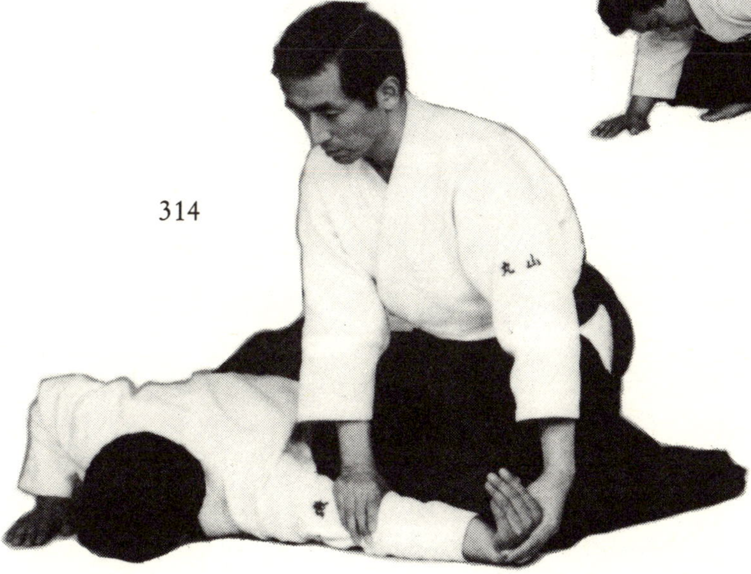

315

316

Bisher habe ich die USHIRO-TEKUBI-TORI-Techniken aus dem ruhigen Stand erklärt. Im folgenden soll B in der Bewegung angreifen.

A befindet sich im rechten Hanmi und streckt seine rechte Hand aus (Abb. 315). B läuft auf A zu und faßt mit seiner rechten Hand A's rechtes Handgelenk. B läuft nun weiter hinter A, um auch das linke Handgelenk festzuhalten, anschließend sein Knie unten an A's Wirbelsäule zu pressen und ihn an den Handgelenken nach hinten zu ziehen. Dadurch würde A zu Boden geworfen.

317

318

319

320

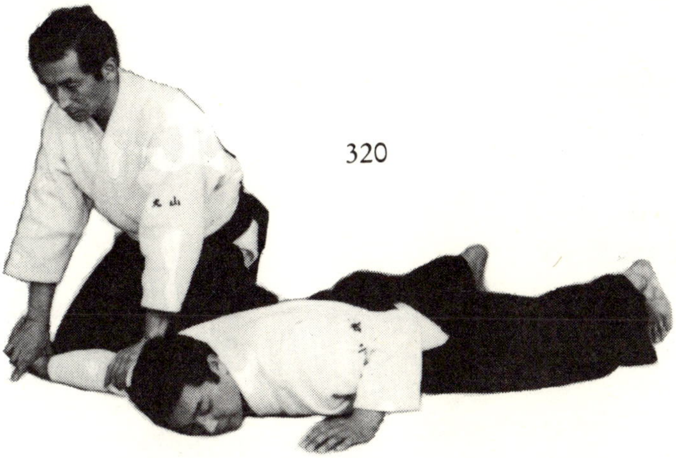

In dem Augenblick aber, in dem B versucht, A's rechte Hand zu fassen, führt dieser B's rechte Hand nach unten und läßt weiterhin in B's Richtung Ki fließen. Versucht B nun, hinter A zu springen, wird er dadurch, daß A's Ki ihn kontrolliert, dazu gebracht, um A herum zu laufen (Abb. 316). Dann beugt A sein rechtes Handgelenk, damit seine Finger nach oben zeigen und geht mit dem ganzen Körper vom Einen Punkt aus ein Stück nach unten. So bringt er B aus dem Gleichgewicht (Abb. 317). Nun stellt er sich wieder aufrecht hin und führt seine rechte Hand auf das Gesicht des Angreifers zu (Abb. 318), anschließend dessen Arm mit der linken Hand auf dem Ellenbogen nach unten (Abb. 319 und 320).

321

322

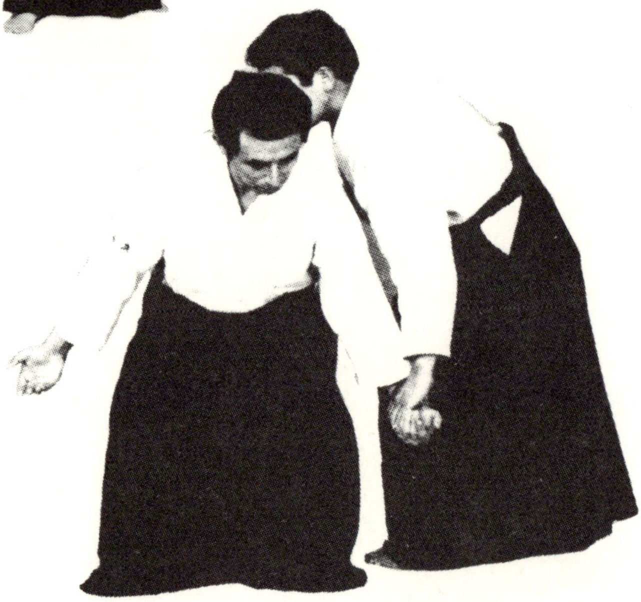

323

Wenn A den Angreifer nach unten und hinter sich führt, bietet er ihm seine linke Hand zum Fassen an, damit er die Bewegung nicht anhält (Abb. 321 bis 323). Folgt B dieser Bewegung, so hebt A beide Hände nach oben, und B wird die linke Hand greifen wollen (Abb. 324). Sobald A beim Nach-oben-Führen der Arme B's Kraft auf seinen Handgelenken spürt, macht er mit dem linken Fuß einen Schritt nach vorn und schwingt beide Hände nach unten. Dadurch wird B nach vorn geworfen (Abb. 325). Diese Technik heißt USHIRO-TEKUBI-TORI KOKYÛ-NAGE.

324

325

Sechste Stufe

Tantô-tori

Es wäre wenig sinnvoll, Techniken im Dôjô zu üben und dennoch aus der Fassung zu geraten, wenn man sich einer realen Gefahr gegenüber sieht. Man sollte in der Lage sein, in jeder Situation ruhig und gelassen zu bleiben. Deshalb haben wir geübt, den Einen Punkt zu halten und Ki fließen zu lassen. Ich habe ja bereits an anderer Stelle betont, wie wichtig es ist, ruhig und in Einheit von Geist und Körper zu sein, denn in diesem Zustand verfügen wir über große Stärke.

Im folgenden wollen wir Tantô-tori (Angriffe mit dem Messer) üben. Wir verwenden dafür ein Messer aus Holz (*tantô*). Allerdings sollten wir es stets als ein richtiges Messer betrachten. Dadurch können wir lernen, immer Ruhe zu bewahren, auch wenn uns jemand mit einem richtigen scharfen Messer angreift. Das ist auch auf unseren Alltag übertragbar. Wir müssen mit sämtlichen unbedeutenden und bedeutenden Dingen zurechtkommen, indem wir stets Ki fließen lassen.

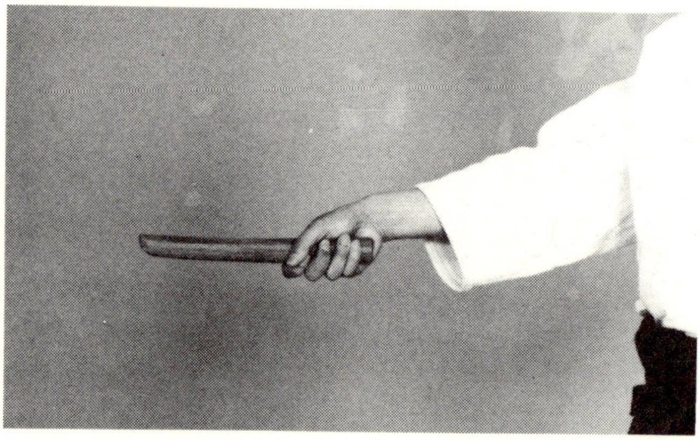

326

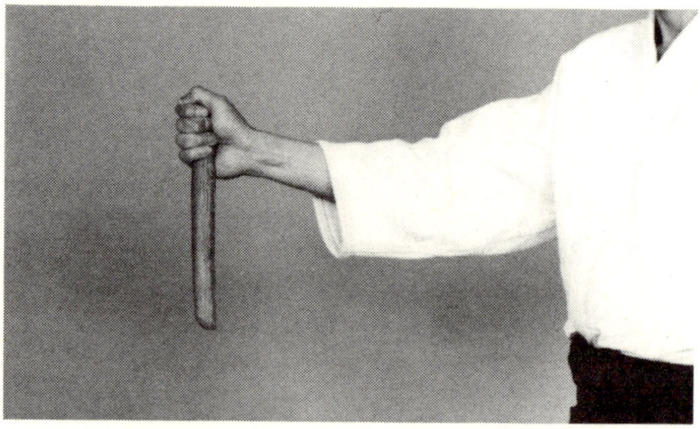

327

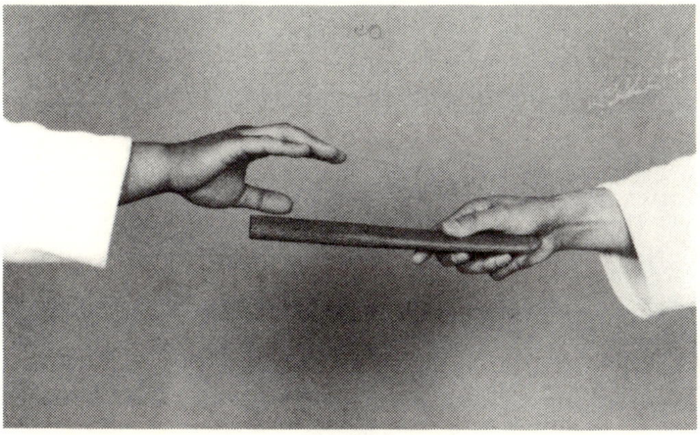

328

329

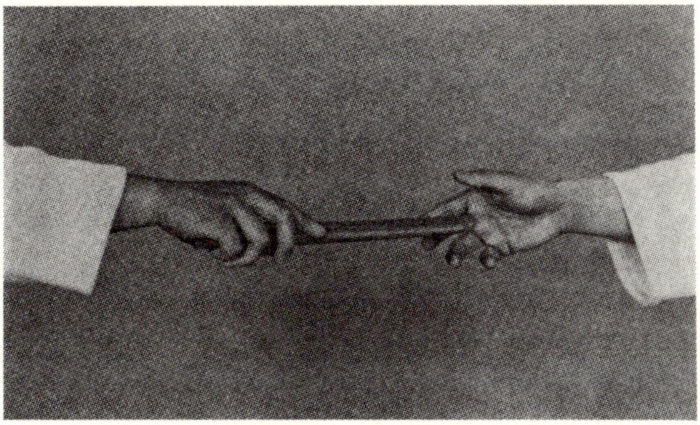

Beim Üben sollten wir die Schneide des *tantô* nicht berühren, denn wir betrachten es ja als ein richtiges Messer. Bevor ich die einzelnen Techniken erkläre, möchte ich beschreiben, wie man ein *tantô* richtig hält. Man hält es entweder mit der Schneide nach unten (Abb. 326) oder mit der Schneide nach oben (Abb. 327). Bei den meisten TANTÔ-TORI -Techniken halten wir es, wenn nicht ausdrücklich anders erwähnt, mit der Schneide nach unten.

Eine weitere Frage ist: wie reicht man seinem Übungspartner das *tantô*?

Nachdem A dem Angreifer das *tantô* abgenommen hat, gibt er es ihm auf folgende Art und Weise zurück: er hält es in seiner rechten Hand, achtet darauf, die Schneide nicht zu berühren (Abb. 328) und bietet seinem Partner den Griff an. A sollte auch durch das *tantô* Ki fließen lassen. Wenn B wie in Abb. 329 das Messer am Griff genommen hat, könnte er natürlich sofort angreifen. Deshalb muß A richtiges MA-AI einnehmen, sobald B das *tantô* in der Hand hat. Wenn man einem anderen ein Messer gibt, sollte man ihm niemals die Schneide anbieten, sondern stets den Griff, so daß er es halten kann, ohne Gefahr zu laufen, sich damit zu verletzen.

330

331

50. Shômen-uchi Kokyû-nage

A steht im rechten Hanmi. B hält mit seiner rechten Hand ein *tantô* und versucht, A damit an der Stirn zu treffen (Abb. 330). Dieser schwingt seine rechte Hand wie bei Ikkyô-undô nach oben und läßt an der Außenseite von B's Arm Ki fließen. So wird das *tantô* in Richtung Boden abgeleitet (Abb. 331). Dann geht A mit seinem linken Fuß einen Schritt nach vorn, dreht sich nach rechts und wendet sich so dem Angreifer zu. Er legt die rechte Hand auf B's rechten Oberarm und die linke auf seinen Nacken (Abb. 332). Er nutzt B's Reaktion, wieder nach oben kommen zu wollen, schwingt seine rechte Hand nach oben auf das Gesicht des Angreifers zu, um so dessen Ki nach oben zu führen (Abb. 333) und läßt durch seine rechte Hand Ki zum Gesicht des Angreifers fließen, wodurch dieser zu Boden fällt. Um B's rechten Arm zu kontrollieren, läßt A

332

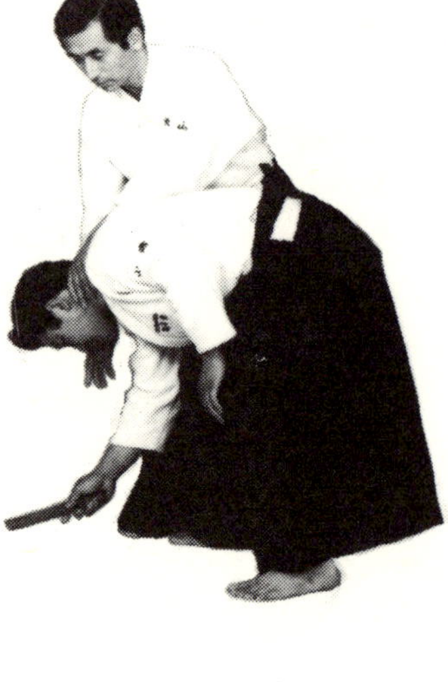

333

334

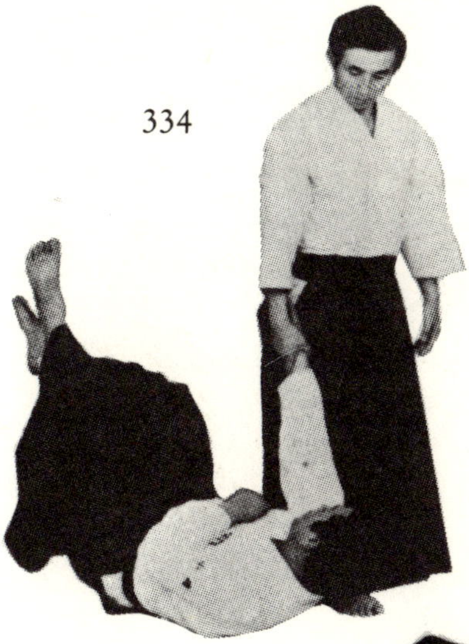

335

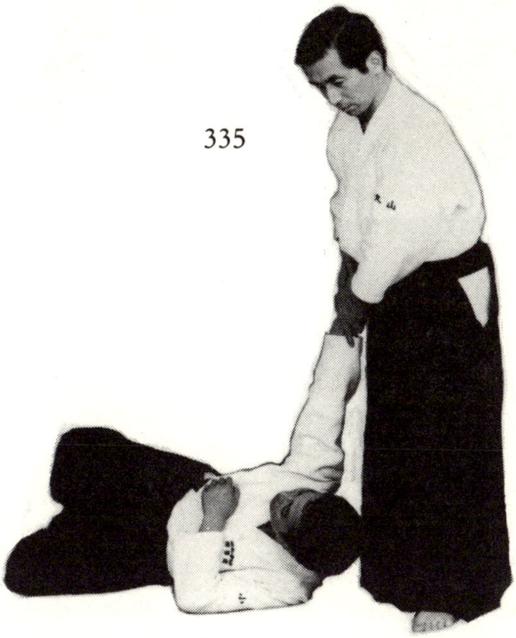

336

diesen durch seine rechte Hand gleiten, so daß er, wenn B auf dem Boden liegt, B's rechtes Handgelenk zwischen seiner rechten Hand und seinem rechten Oberschenkel festhalten kann (Abb. 334).

Anschließend nimmt er mit seiner linken Hand B's rechte und gleitet mit der rechten Hand an B's rechtem Arm nach oben. Da seine Finger dabei gebeugt sind, berühren diese automatisch den Griff des *tantô* (Abb. 335). A läuft dann um B's Kopf herum, um auf diese Weise seinen Körper auf den Bauch zu drehen und nimmt ihm dabei das *tantô* ab (Abb. 336).

In der Stellung, die in Abb. 333 gezeigt wird, muß A B's Kopf mit seiner linken Hand ganz dicht an seiner rechten Schulter halten, damit B ihn beim Fallen nicht mit dem Messer verletzen kann. Aus dieser Position führt er B senkrecht nach unten und hält sofort seinen rechten Arm fest, so daß B keine Gelegenheit hat, erneut anzugreifen.

337

338

51. Mune-tsuki Kote-gaeshi

A steht im linken Hanmi. B hält ein *tantô* in seiner rechten Hand und versucht, A's Brust damit zu treffen (Abb. 337). A macht dieselben Bewegungen wie bei Mune-tsuki Kote-gaeshi ohne Waffe, das heißt, er führt B's rechte Hand im Kreis um sich herum und nach unten (Abb. 338 und 339). Im Rhythmus von B's Bewegung macht er dann Kote-gaeshi (Abb. 340) und nimmt ihm dabei das *tantô* ab (Abb. 341). Dann schwingt er das *tantô* nach hinten, um sich auf einen möglichen Angriff aus dieser Richtung vorzubereiten.

Um B das *tantô* abzunehmen, legt A seinen Zeigefinger oben an den Griff des Messers und drückt es nach unten in die Richtung von B's Finger (Abb. 342 und 343).

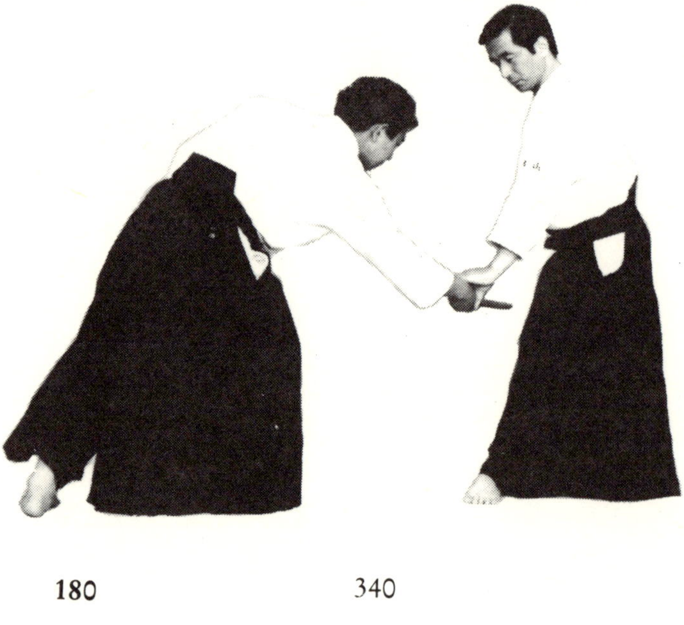

340

339

343

341

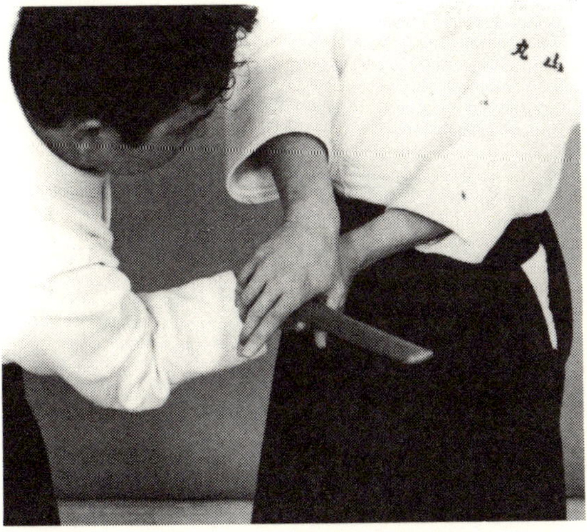

342

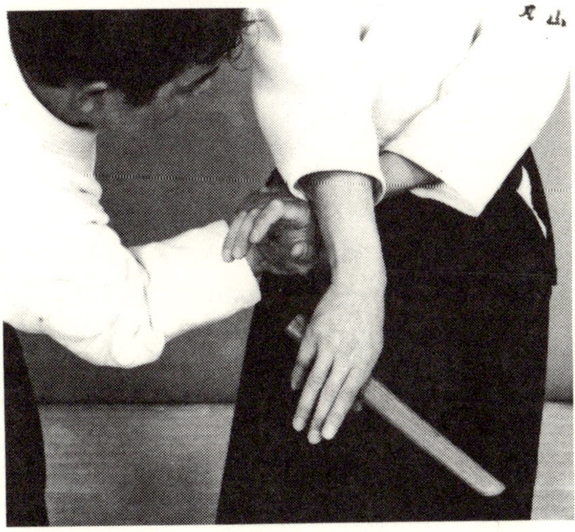

344

345

52. YOKOMEN-UCHI SHIHÔ-NAGE

A steht im linken Hanmi. B hält das *tantô* in seiner rechten Hand und versucht, nach einen Vorwärtsschritt rechts, A damit schräg zwischen Hals und Brust zu treffen (Abb. 344). Dieser geht mit einem Schritt rechts direkt auf B zu; dabei schützt er mit der linken Hand sein Gesicht (Abb. 345). Er setzt diese Bewegung fort mit einer Linksdrehung auf seinem rechten Fuß, einem linken Schritt zurück; anschließend setzt er den rechten an den linken Fuß heran. Seine linke Hand führt die angreifende Hand nach unten, die er nun mit beiden Händen hält (Abb. 346). In Fortführung dieser Bewegung macht er dann SHIHÔ-NAGE IRIMI und nimmt B, noch während er ihn wirft, das *tantô* ab (Abb. 347 bis 349).

Bei YOKOMEN-UCHI SHIHÔ-NAGE ohne *tantô* geht A nach hinten, während er angegriffen wird. Greift B aber mit einem *tantô* oder einem Schwert an, würde A beim Zurückgehen verletzt werden. Deshalb muß er jetzt geradewegs und parallel zur Angriffslinie auf den Angreifer zugehen (Zeichnung 12). Gleichzeitig nimmt er seine linke Hand nach oben, um sein Gesicht zu schützen.

Wenn A dem Angreifer das *tantô* mit der linken Hand abnimmt, riskiert er eine Verletzung an seinen Fingern, falls seine Hand abrutscht. Daher ist es besser, die rechte Hand dafür zu nehmen, mit dem Daumen oben am Griff nach unten zu drücken und dann mit dem kleinen Finger das andere Ende des Griffs zu halten. (Abb. 350 und 351).

346

347

350

12

348

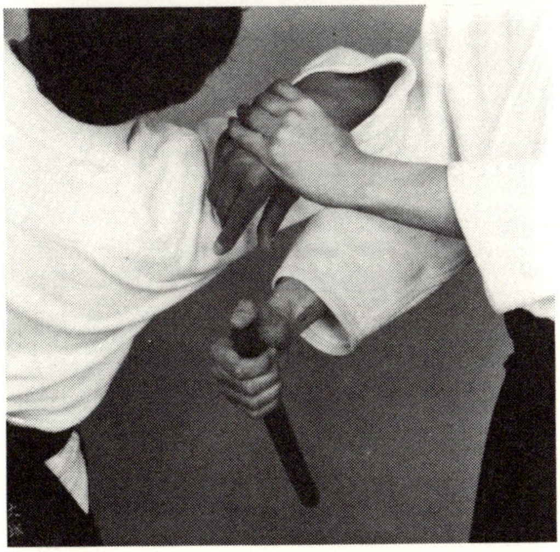
351

349

352

353

53. Yokomen-uchi Gokyô

A steht im linken Hanmi. B hält mit seiner rechten Hand das *tantô* mit der Schneide nach oben und versucht, A damit im Gesicht zu treffen (Abb. 352). In dem Augenblick, in dem B das *tantô* nach oben schwingt, geht A mit dem linken Fuß nach vorn, bleibt dabei aber im linken Hanmi und schwingt gleichzeitig seine linke Hand nach oben, mit der er B's rechten Unterarm nach oben drückt. Mit seiner rechten Hand geht er auf die linke Seite von B's Brustkorb zu. B's rechte Hand zeigt jetzt nach hinten, und auch er selbst lehnt ein wenig nach hinten (Abb. 353). A blockiert weiterhin mit seiner linken Hand B's rechten Arm und nimmt gleichzeitig dessen rechtes Handgelenk in seine rechte. Da A's rechter Arm unbeugbar ist, kann B ihn mit seinem *tantô* nicht treffen. Würde er B's rechtes Handgelenk wie bei Ikkyô halten, könnte B ihn verletzen (Abb. 354 und 359). A behält also B's Handgelenk in seiner rechten Hand, geht unter B's Arm durch und nimmt seinen rechten Ellenbogen in die linke Hand (Abb. 355). Dann schwingt er B's Arm nach unten (Abb. 356), der sich auf einer Kreisbahn um A bewegt und auf den Bauch fällt (Abb. 357). Abschließend drückt A mit seiner rechten Hand B's rechtes Handgelenk zu dessen Schulter hin und zieht gleichzeitig mit seiner linken Hand B's Ellenbogen nach oben. Er beugt B's Handgelenk mit einem Druck seiner linken Hand auf dessen Ellenbogen. B wird einen stechenden Schmerz verspüren und das *tantô* loslassen (Abb. 358).

354

355

356

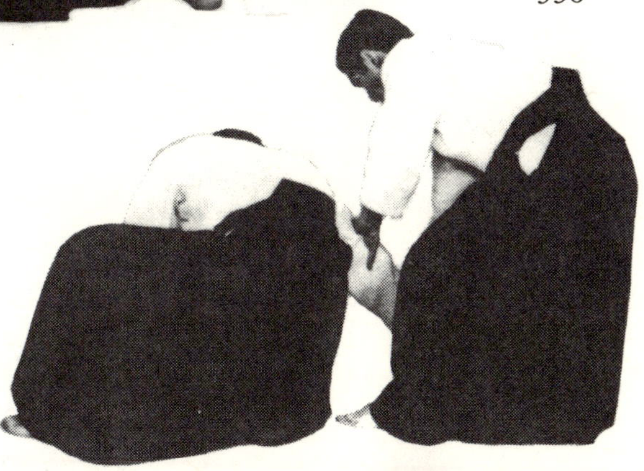

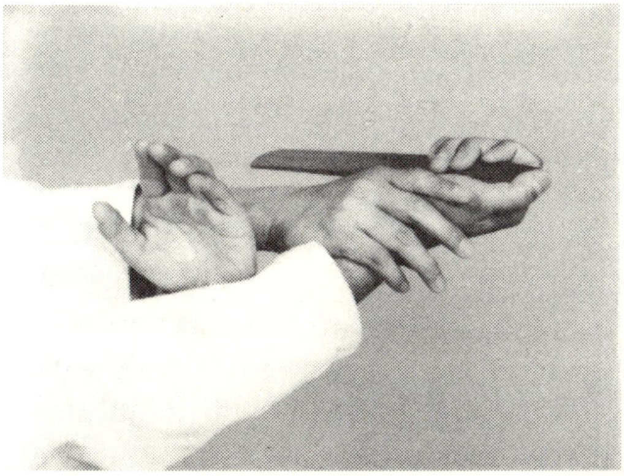

359

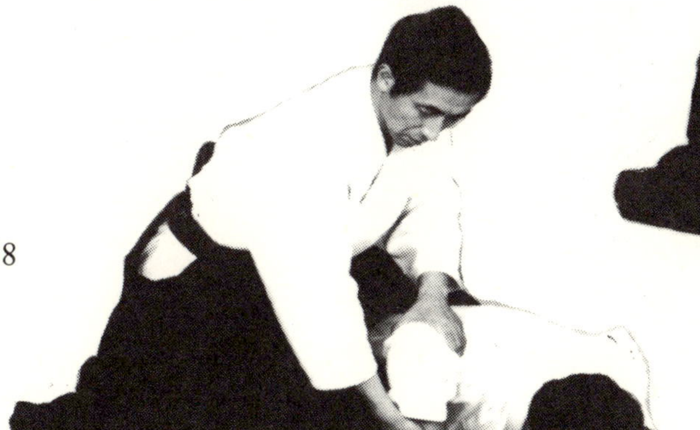

358

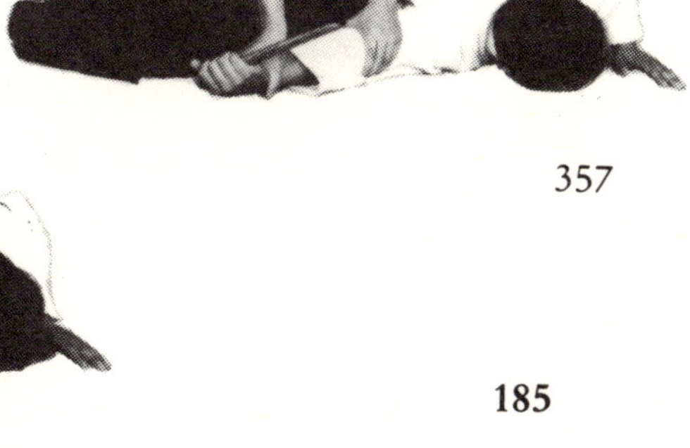

357

A muß gut üben, wie man beim Nach-oben-Schwingen der Arme richtig nach vorn geht. Zuerst macht er IKKYÔ-UNDÔ. Dann dreht er sich seitwärts, die linke Schulter nach vorn, und schwingt seine Hände nach oben, ohne die Schultern zu bewegen (Abb. 360). Die linke Hand geht dabei nach oben bis in Augenhöhe, die rechte Hand zur linken Seite seines Brustkorbes. B versucht in dieser Stellung, A's Arme zu beugen. Sie sollten aber unbeugbar sein. Im nächsten Test drückt er A's rechte Hand nach oben. Solange A den Einen Punkt hält, befindet sich das Gewicht der Hand unten, und sie wird sich nicht bewegen. Dann stellt er sich vor A und drückt dessen Hände nach hinten. Solange A Ki fließen läßt, ist er unbeweglich. A sollte diese Übung recht oft wiederholen, so daß er sich blitzschnell weit nach vorn bewegen kann, sobald B sein *tantô* zum Angriff nach oben schwingt.

Wenn er dann nur noch Ki nach unten fließen läßt, wird B zu Boden fallen. Diese Technik heißt YOKOMEN-UCHI KOKYÛ-NAGE IRIMI .

360

 links: Koichi Tohei beim Unterrichten der Prinzipien des Schwerts (3)

362

361

54. USHIRO-TSUKI KOTE-GAESHI

A steht in einer natürlichen Haltung, während B ihn von hinten mit einem *tantô* am Rücken angreift. A hebt die Hände hoch (Abb. 361).

Rufen Sie sich folgendes ins Gedächtnis: B droht A, ihn (erst dann) zu erstechen, falls er sich bewegt. Deshalb sollte A ganz ruhig stehen bleiben, bis er sicher ist, daß er den Angreifer innerhalb eines Bruchteils einer Sekunde werfen und entwaffnen kann.

A hält den Einen Punkt und dreht sich blitzschnell auf dem rechten Fuß nach rechts. Er nimmt seine rechte Hand nach unten, um die Hand des Angreifers nach vorn führen zu können (Abb. 362). Anschließend nimmt er B's rechtes Handgelenk mit der linken Hand, wirft B mit KOTE-GAESHI und entwaffnet ihn (Abb. 363 - 366).

363

364

365

366

55. YONIN-GAKE (Vier-Mann-Angriff)

Bisher habe ich Techniken erklärt, die man bei einem einzigen Angreifer anwenden kann. Bei HAPPÔ-UNDÔ habe ich aber bereits erläutert, daß man sein Ki immer in die Richtung schicken muß, in die man schaut. Man gibt dann sein Bestes, wenn man sein Ki vollständig in die Richtung wendet, in der die Aufgabe liegt, mit der man sich gerade beschäftigt.

Zu einer bestimmten Zeit mit einer einzelnen Schwierigkeit fertig zu werden ist noch relativ einfach. Viele geben aber von vornherein auf, wenn sie mit mehreren Schwierigkeiten gleichzeitig konfrontiert sind. Aber was auch immer geschehen mag: man muß sein Ki in alle Richtungen fließen lassen können. Im Shin-Shin-Tôitsu-Aikidô üben wir den Vier-Mann-Angriff, um mit eben dieser Situation zurechtzukommen.

A steht aufrecht in einer natürlichen Haltung, und vier Angreifer stellen sich im richtigen MA-AI um ihn herum. Dann greifen alle gleichzeitig an, und A sollte mit jedem von ihnen fertig werden können, wenn er die Einheit von Geist und Körper bewahrt. Solange er sich bewegt, steht er jeweils nur einem einzigen Angreifer gegenüber. Man sollte jedoch bedenken, daß man, um YONINGAKE praktizieren zu können, zuvor jede einzelne Technik im Detail geübt haben muß.

Schlußwort

Ich hoffe, daß ich mit diesem Buch einen Beitrag zur Erziehung der jüngeren Generation leisten kann. Shin-Shin-Tôitsu-Aikidô kann in unendlich vielen verschiedenen Bereichen angewendet werden. Grundlage hierfür sind die Vier Grundprinzipien zur Vereinigung von Geist und Körper, die gleichzeitig auch die Prinzipien des Universums darstellen. Es sind dies Prinzipien, die jedermann akzeptiert und die niemand bezweifeln wird. Deshalb können wir es auch eine Lebenshaltung an sich nennen.

Was in der modernen Erziehung hauptsächlich fehlt, ist das Fließenlassen von Ki. Solange Sie Ki fließen lassen, kann das Ki eines anderen nicht ein Sie indringen und Sie besiegen. Ki fließt auf natürliche Weise nach außen. Schüler sind nur deshalb gewalttätig, weil sie jegliche Hoffnung in der Gesellschaft verloren haben. Sie sind zu schwach. Deshalb sollten die Lehrer heute versuchen, stark zu werden und positives Ki fließen zu lassen. Ich hoffe sehr, daß alle Lehrer lernen, wie man mit Hilfe von Shin-Shin-Tôitsu-

Aikidô Ki fließen läßt, und damit der heranwachsenden Generation ein Vorbild sind. Auch hoffe ich, daß die Jüngeren unter uns lernen, Ki fließen zu lassen und sich zu kontrollieren, und unabhängig werden von den jeweiligen Veränderungen in der Gesellschaft.

Im Shin-Shin-Tôitsu-Aikidô werden zunächst Ki-Prüfungen abgelegt, bevor man eine Prüfung in Aikidô machen kann. Die drei ersten Stufen für Ki sind SHOKYÛ, CHÛKYÛ und JÔKYÛ. Erst nach der Prüfung zum JÔKYÛ kann man die Prüfung zum ersten Dan im Aikidô ablegen, denn Aikidô ohne Einheit von Geist und Körper ist nicht möglich.

Ich habe versucht, die Vier Grundprinzipien zur Vereinigung von Geist und Körper eingehend zu erklären. Allerdings ist es relativ schwierig, aus Büchern zu lernen, wie unser Geist arbeitet. Besser wäre es, bei entsprechend qualifizierten Lehrern Unterricht zu nehmen.

Ich wünsche mir, daß irgendwann in jedem Land auf der ganzen Welt Shin-Shin-Tôitsu-Aikidô praktiziert wird. Außerdem hoffe ich, daß diejenigen, die bislang Aikidô praktizieren, ohne die Einheit von Geist und Körper zu kennen, Shin-Shin-Tôitsu-Aikidô verstehen lernen.

Wenn wir alle positives Ki fließen lassen und unser Leben fröhlich und glücklich leben können, so ist Frieden in der Welt und eine glückliche Zukunft für alle durchaus möglich.

Anhang

Über das Hakama

Das Hakama zusammen mit dem weißen Dôgi war früher die offizielle Bekleidung im Aikidô. Das hat sich allerdings im Laufe der Zeit geändert. Heute dürfen nur diejenigen ein Hakama tragen, die einen hohen Leistungsstandard im Aikidô erreicht haben. Für den Anfänger ist eine korrekte Beinarbeit sehr wichtig, und wenn er ein Hakama trägt, ist es ziemlich schwierig, diese zu korrigieren. Außerdem ist das Hakama auch ein Ziel, auf das ein Anfänger hinarbeiten kann. Frauen haben jedoch oft eine besondere Erlaubnis, ein Hakama zu tragen, da viele von ihnen gerne elegant aussehen.

Die Funktion des Hakama

(a) Man kann den Einen Punkt besser halten

Eine der Funktionen des Hakama besteht darin, daß man den Einen Punkt besser halten kann. Trägt man nur ein Dôgi und einen Gürtel, so kann es leicht passieren, daß der Gürtel beim Üben nach oben oder unten rutscht. Auf diese Weise können sich dadurch auch die Gefühle des Betreffenden, die eigentlich im Einen Punkt gesammelt sein sollten, auf und ab bewegen. Im Gegensatz dazu wird, wenn man das Hakama richtig über dem Gürtel trägt, der Knoten des Gürtels leicht gegen den Unterbauch gedrückt, so daß er am Einen Punkt festsitzt und sich nicht mehr bewegen kann. Das gibt dem Träger des Hakama ein Gefühl größerer Stabilität. Nachdem sie sich das Recht zum Tragen des Hakama erworben haben, machen viele in der Kunst des Aikidô schnell beträchtliche Fortschritte. Das ist teilweise auf das größere Selbstvertrauen zurückzuführen, das man häufig danach entwickelt, aber zum großen Teil auch darauf, daß man den Einen Punkt beim Tragen eines Hakama besser halten kann.

(b) Die Bekleidung bleibt ordentlich

Häufig sieht man mitten in einem Judôwettkampf Schüler, die sich den Gürtel binden müssen. In einem richtigen Kampf hat man dafür natürlich keine Zeit. Ein Hakama dagegen kann sich nie lösen, unabhängig davon, wie stürmisch man sich darin bewegt. Bevor man ein Hakama trägt, sollte man daher lernen, wie man es richtig anzieht. Niemand sollte ein Hakama tragen dürfen, wenn es sich beim Üben löst, denn das würde bedeuten, daß er noch nicht einmal gelernt hat, wie man es richtig anzieht.

(c) Das Hakama fördert die Stabilität

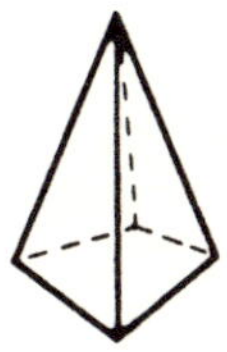

Ein Hakama hilft also, den Einen Punkt zu halten und trägt außerdem zu einer größeren Stabilität bei. Der Träger eines Hakama wirkt stabil, da sein Körper die Form einer Pyramide hat. Welchen Gegensatz dazu bildet doch jemand mit einer großen, weiten Jacke und sehr engen Hosen: er wirkt wie ein auf den Kopf gestelltes Dreieck, was in keiner Weise Stabilität vermittelt. Zwar ist es richtig, daß der Geist den Körper lenkt, aber auch der Geist selbst kann durch äußere Umstände beeinflußt werden. Daher wirkt sich geistige Stabilität, die durch die äußere Form gefestigt wurde, wiederum auf die Stabilität unseres Körpers aus, ohne daß wir uns dessen bewußt sind.

(d) Das Hakama fördert die innere Ruhe

In einem großen Vortragssaal befindet sich normalerweise ein Tuch über dem Rednerpult, damit die Beine des Redners vor den Augen des Publikums verborgen sind. Jemand, der keine Erfahrungen hat, vor einem größeren Publikum zu sprechen, verliert manchmal nur deshalb seine Ruhe, weil die Leute seine Füße unter dem Tisch sehen können. Ähnlich ist es beim Hakama, bei dem ebenfalls die Füße nicht zu sehen sind. Das kann dem Träger, der möglicherweise gerade erst seine Prüfung abgelegt hat, dazu verhelfen, seine Ruhe zu bewahren. Außerdem können die Zuschauer nicht sehen, ob seine Beinarbeit vielleicht ein bißchen durcheinandergeraten ist.

Dies sind also einige Punkte über die Bedeutung des Hakama. Denken Sie aber daran, daß man im Aikidô selbstverständlich immer einen ruhigen Geist bewahren sollte, ganz gleich, ob man nun ein Hakama trägt oder nicht. Es ist nicht von der Hand zu weisen, daß das Tragen eines Hakama zu Beginn einen sehr großen Unterschied macht. Man sollte aber nicht abhängig davon werden, sondern erhaben sein über den Einfluß, den es ausübt. Das ist der Sinn des Sprichwortes: „Ein wahrhaft großer Mensch bleibt unbeeinflußt von äußeren Umständen." Es gibt aber noch einen anderen Satz, der den vorhergehenden ergänzt: „So wahr das auch sein mag, aber auch die Umstände formen den Geist." Dies bedeutet für uns: In dem Bestreben, unberührt von Unglücksfällen echte innere Ruhe zu erlangen, nutzen wir die äußeren Umstände dazu, einen gelassenen, heiteren Geist zu entwickeln. In diesem Sinne ist es sinnvoll, sich durch das Tragen eines Hakama verstärkt zu bemühen, den Einen Punkt zu halten.

(e) Wie man den Gürtel bindet

1

Bild 1 — Nehmen Sie die Mitte des Gürtels in die rechte Hand und legen Sie sie an Ihren Einen Punkt.

Bild 2 — Lassen Sie den Gürtel an dieser Stelle, führen die beiden Enden um den Körper herum zum Rücken, überkreuzen sie dort und bringen sie wieder nach vorn. Der Gürtel wird direkt am Einen Punkt verknotet, und zwar weder zu fest noch zu locker. Ist der Gürtel zu locker, wird das Dôgi innerhalb kürzester Zeit unordentlich. Ein zu fester Knoten kann ein unangenehmes Druckgefühl verursachen, was uns sofort ablenkt und verhindert, daß sich der Geist in Ruhe im Einen Punkt sammelt. Sie sollten also erst

2

den Einen Punkt halten und anschließend den Gürtel entsprechend festknoten.

Bild 3 — Legen Sie nun genau vor dem Einen Punkt das rechte über das linke Gürtelende, führen Sie das obenliegende Ende unter dem Gürtel durch und verknoten schließlich die beiden Enden miteinander. Dadurch wird mit dem einen Ende des Gürtels der gesamte Gürtel noch einmal zusammengefaßt, bevor er endgültig verknotet wird. So kann er sich nicht von alleine lockern.

(f) Wie man das Hakama anzieht

Bild 1 — Steigen Sie in das Hakama, und legen Sie dessen vorderen Teil (ohne Rückenstütze) oben auf den Dôgigürtel. Führen Sie nun die Bänder des Vorderteils nach hinten.

Bild 2 — Dort überkreuzen Sie die Bänder und führen sie wieder nach vorn.

Bild 3 — Binden Sie einen kleinen Knoten genau unterhalb des verdeckten Dôgigürtels. Dadurch liegt das Vorderteil des Hakama über und der Knoten unterhalb des Gürtelsknotens, der dadurch nicht verrutschen kann.

Bild 4 — Überkreuzen Sie die verbleibenden Enden der vorderen Bänder hinten am Rücken und führen Sie sie wieder nach vorn, binden vorn einen zweiten kleinen Knoten und verwahren die restlichen Enden, indem Sie sie ein paar Mal um die Bänder wickeln. Hinten im Kreuz sollte man möglichst keinen Knoten binden, weil man sich beim Rollen oder Fallen damit wehtun könnte. Sollten Sie dennoch einen Knoten binden müsssen, machen Sie diesen so klein wie möglich.

Bild 5 — Legen Sie die Rückenstütze des Hakama hinten auf den Dôgigürtel.

Bild 6 — Stecken Sie beide hinteren Bänder seitlich an der Hüfte von oben nach unten durch alle bereits um den Körper laufenden Gürtelteile und Bänder hindurch. Nun ziehen Sie die beiden Bänder fest nach unten. Damit wird verhindert, daß sich die Rücken-

3

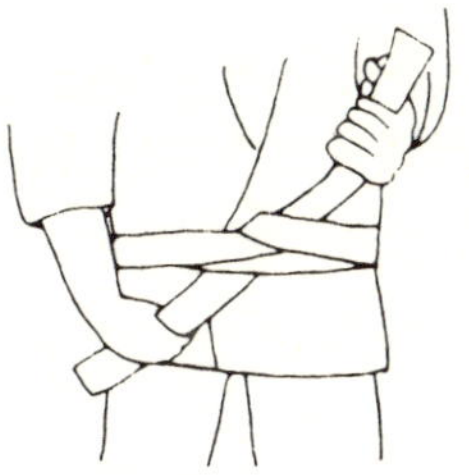

1

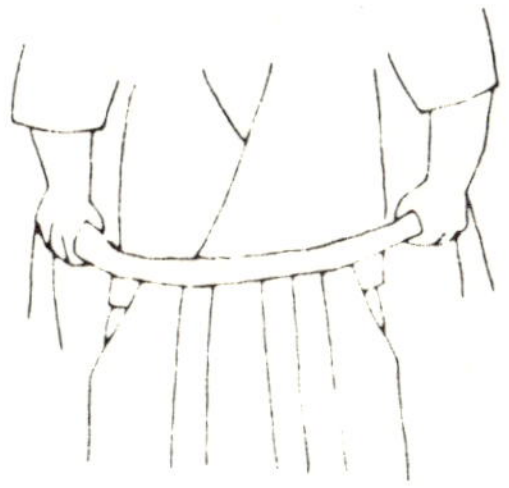

2

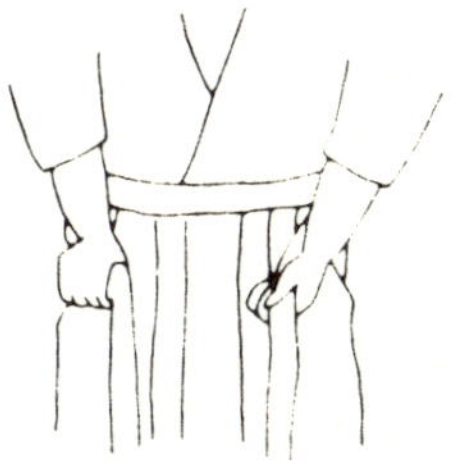

3

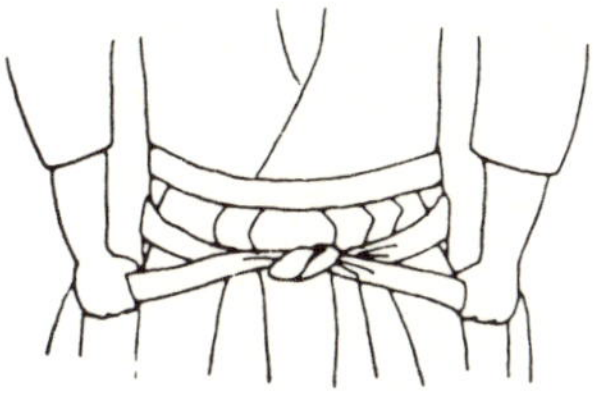

4

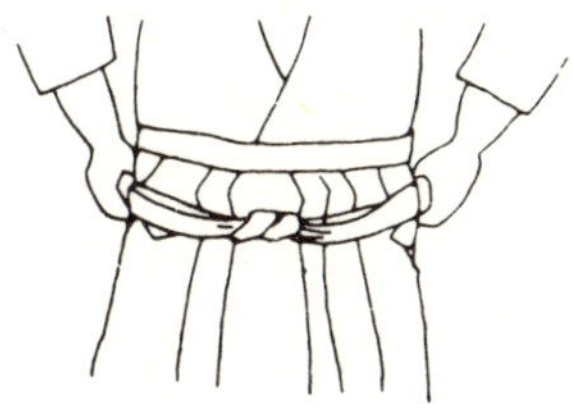

5

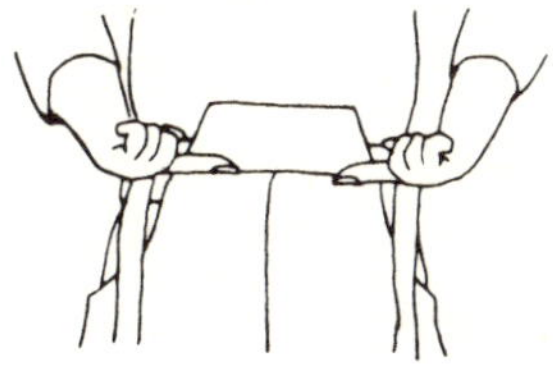

stütze lockert und nach unten fällt. Jetzt binden Sie die beiden Enden vorn zu einem Knoten, und zwar so, daß der neue Knoten auf den bereits vorhandenen zu liegen kommt.

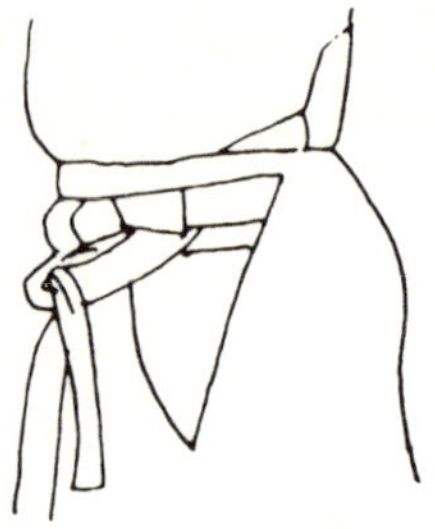

6

Das Hakama darf weder zu fest noch zu locker gebunden werden. Da die vorderen und hinteren Bänder des Hakama den Dôgigürtel zwischen sich festhalten, kann dieser Gürtel nicht verrutschen, auch wenn am Dôgi gezogen wird.

(g) Wie man das Hakama zusammenlegt

Man sollte das Hakama nach dem Üben nirgendwo herumliegen lassen, damit es nicht verknittert. Wenn Sie es richtig zusammenlegen, bleiben die Falten stets in ihrer Form und brauchen nicht gebügelt zu werden. So werden sie beim nächsten Tragen ordentlich und tadellos aussehen. Machen Sie es sich also zur Gewohnheit, Ihr Hakama jedes Mal richtig zusammenzulegen. Bild 1 — Zuerst legen Sie das Hakama mit der Vorderseite nach unten auf den Boden. Legen Sie die vorderen und hinteren Bänder aufeinander. Dann legen Sie die Teile unterhalb der Rückenstütze so zusammen, wie es durch den Faltenwurf vorgegeben ist. Glätten Sie zuerst die Falten und ziehen danach die Seiten des Hakama von der Rückenstütze bis zum Saum glatt.

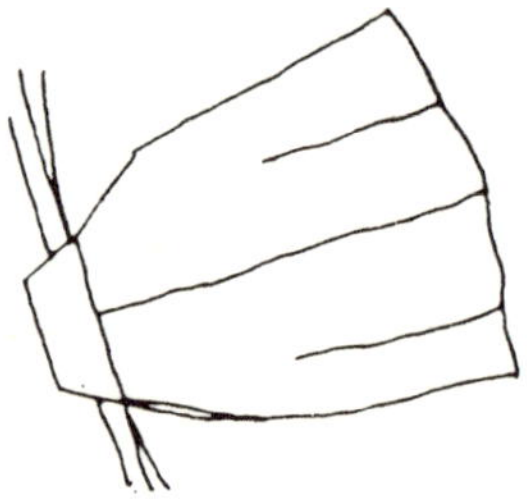

1

Bild 2 — Schlagen Sie die Rückenstütze mit der linken Hand um. Halten Sie die Rückenstütze und das Vorderteil des Hakama mit der linken Hand, die Säume des Vorder- und Rückenteils mit der rechten Hand fest und ziehen Sie das Hakama gerade.

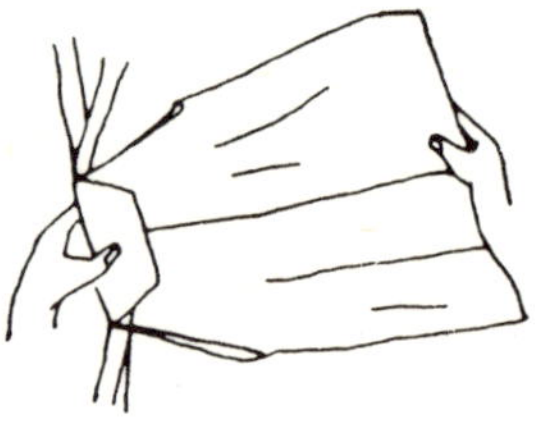

2

Bild 3 — Drehen Sie das Hakama mit beiden Händen in einer einzigen Bewegung um. Das Rückenteil liegt jetzt unten. Achten Sie beim Umdrehen des Hakama darauf, daß Sie es weiterhin straff ziehen, damit die Falten in der Mitte des Rückenteils nicht durcheinandergebracht werden.

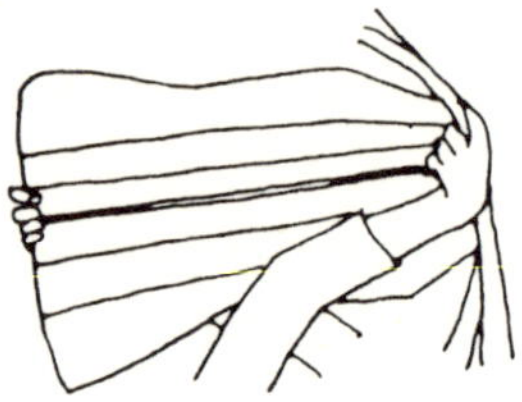

3

Dagegen ist es dabei nicht wichtig, ob die anderen Teile durcheinandergeraten. Nun wird die Vorderseite des Hakama in die Form gebracht.

Bild 4 — Legen Sie die vorderen und hinteren Bänder des Hakama sorgfältig aufeinander. Streichen Sie die Falten an den schrägen Seitenöffnungen rechts und links glatt und legen Sie sie in die vorgegebene Form. Dabei sollte das Rückenteil nicht mehr durcheinandergebracht werden. Nun liegen die Säume und die schrägen Seitenöffnungen ganz genau übereinander.

Bild 5 — Legen Sie nun von außen nach innen jede Falte in ihre Form, ohne wiederum dabei das Rückenteil zu verschieben.

Bild 6 — Falten Sie die äußeren Seiten ganz nach innen, so daß die äußere Kante ohne Überstand im rechten Winkel zu den Bändern steht.

Bild 7 — Klopfen Sie nun leicht auf die Linien, die in der Zeichnung gestrichelt sind. So ist es einfacher, das Hakama zu dritteln.

Bild 8 — Schlagen Sie das untere Teil so ein, daß die Unterkante auf der oberen gestrichelten Linie liegt.

Bild 9 — Legen Sie nun das verbleibende Teil darüber und ziehen Sie das bis dahin verborgene Rückenteil glatt.

Im folgenden wird erklärt, wie man die Bänder zusammenlegt.

Bild 1 — Drehen Sie das Hakama so, daß die Rückenstütze vor Ihnen liegt. Ziehen Sie die kürzeren Bänder, die an der Rückenstütze befestigt sind, zu sich her und legen Sie die langen Bänder des Vorderteils waagerecht zur Seite.

Bild 2 — Nachdem Sie das rechte lange Band gerade gezogen haben, halbieren Sie es zwei Mal. Dann legen Sie es diagonal nach links auf das Hakama.

Bild 3 — Verfahren Sie mit dem linken langen Band ebenso. Legen Sie es aber diagonal nach rechts, so daß es das rechte Band in der Mitte kreuzt.

Bild 4 — Führen Sie das rechte kurze Band erst über die beiden langen, gekreuzten Bändern und dann unter ihnen hindurch und legen es so hin, daß das freie Ende geradewegs auf Sie zuläuft.

4

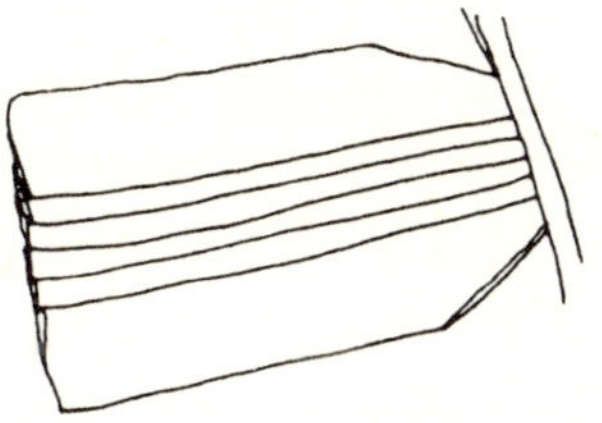

5

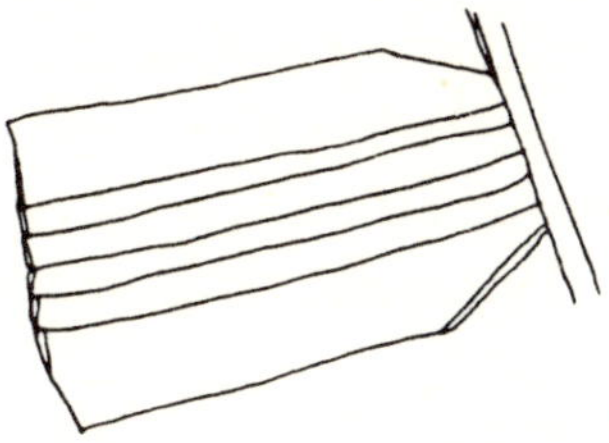

6

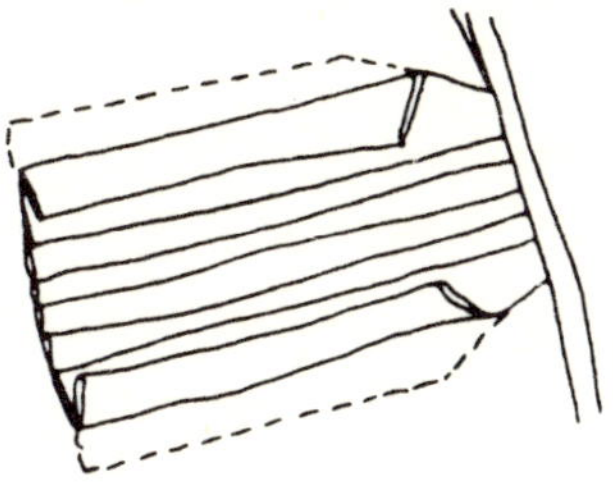

7

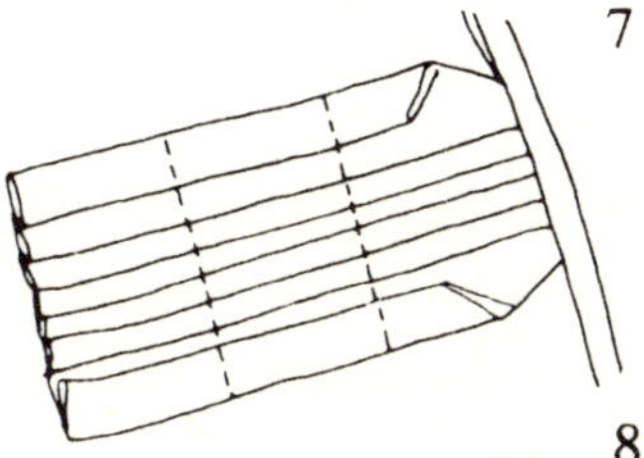

8

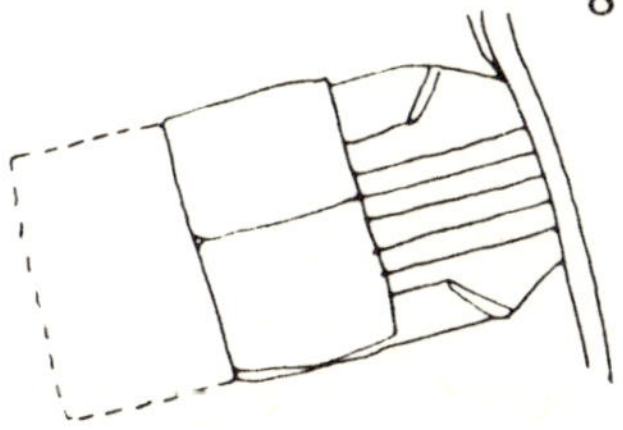

9

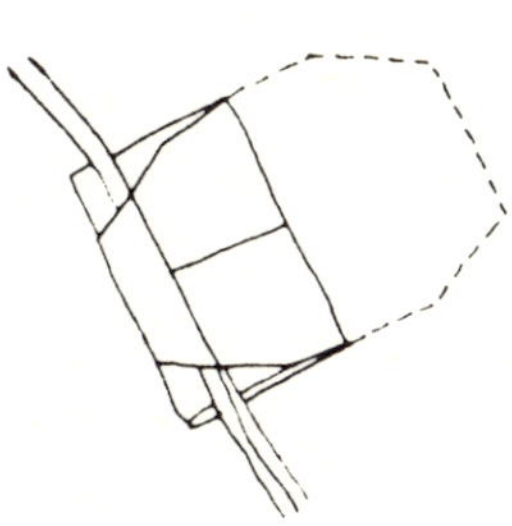

1

Bild 5 — Sichern Sie die Stelle, an der das kurze Band die beiden langen Bänder kreuzt, indem Sie das kurze Band erst nach rechts über das kurze Band legen und dann unter dem langen Band wieder zurückführen. Ziehen Sie dann das lose Ende zu sich her.

Bild 6 — Ziehen Sie das Ende des kurzen Bandes in Ihre Richtung ganz straff, so daß alles Spiel aufgehoben ist. Dann falten Sie es ganz natürlich nach oben links und legen es, noch einmal halbiert, auf das lange Band.

Bild 7 — Gleichermaßen führen Sie das kurze Band der linken Seite erst über das Zentrum (die Kreuzung der beiden langen Bänder) und dann unter ihm hindurch. Jetzt läuft das freie Ende des Bandes auf Sie zu. Führen Sie es nach links oben und schlingen es um die beiden unteren diagonal verlaufenden Bänder. Schließlich halbieren Sie das verbleibende Bandende und stecken es spiegelbildlich zum anderen kurzen Band durch die freie Schlaufe. Auf diese Weise wird jedes Band durch ein anderes Band gesichert.

Wenn Sie das Hakama nach dieser Beschreibung zusammengelegt haben, behält es mitsamt den Falten seine Form, unabhängig davon, wie klein Sie es jetzt zum Transport noch weiter zusammenfalten.

Viele vergessen sehr schnell, wie man die Bänder richtig zusammenlegt und sichert. Man kann die Methode besser lernen und behalten, wenn man sich folgendes merkt:

1. Gehe durchs Zentrum des Universums (Bild 4).
2. Beherrsche das Selbst (Bild 5).
3. Gehe auf dem richtigen Weg (Bild 6).

Diese drei Regeln kann man sich leicht merken, denn es sind Prinzipien des Aikidô.

Ein edler Geist tritt auch in der äußeren Erscheinung zutage. Wenn man geistig ruhig und ausgeglichen ist, verhält man sich in seinem Alltag ebenso ruhig

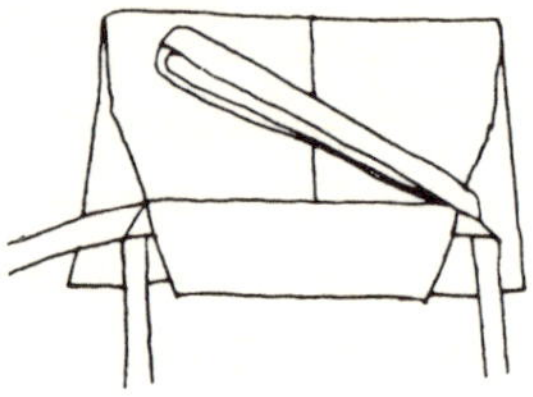
2

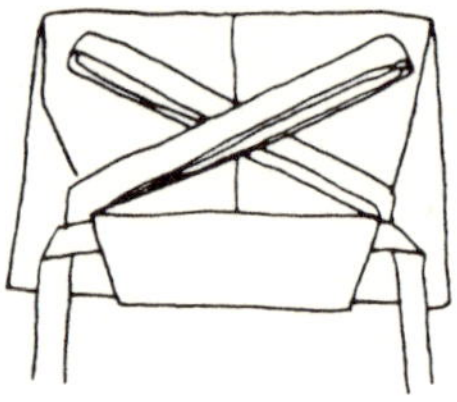
3

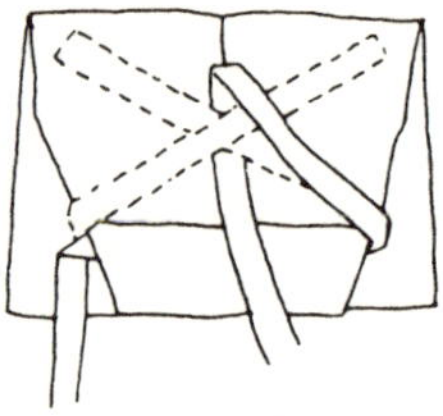
4

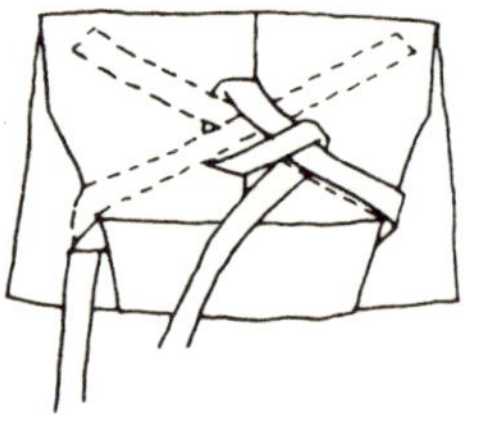
5

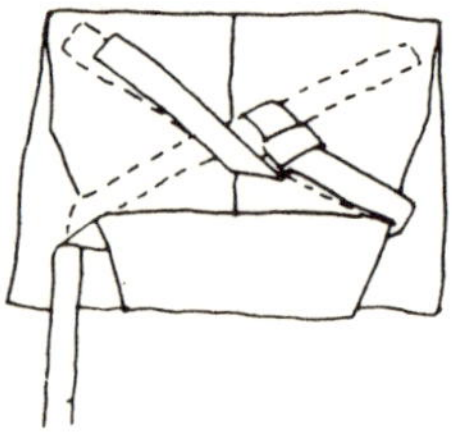
6

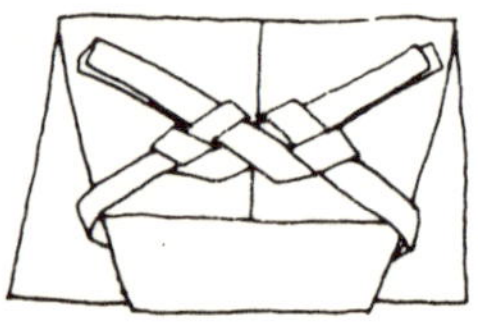
7

und ausgeglichen. Dies wiederum wirkt zurück auf die äußere Erscheinung — das Hemd wird unter dem Gürtel stecken und die Krawatte korrekt sitzen.

Einige Leute glauben, das Äußere habe keinerlei Bedeutung, solange man innerlich eine aufrechte Haltung bewahrt. Es ist natürlich richtig, daß es bei den Mahlzeiten auf die Speisen ankommt und nicht auf das Tafelgeschirr. Und doch ist es menschlich und auch verständlich, wenn man für besseres Essen auch besseres Geschirr verwenden möchte. Eine Speise mag noch so köstlich sein, auf einem schmutzigen Teller verliert sie ihren Geschmack. Ich will damit weder extravaganter Kleidung noch der Feinschmeckerei das Wort reden. Aber es soll Eltern daran erinnern, wie wichtig es ist, bei ihren Kindern von Anfang an nicht nur auf eine positive geistige Haltung, sondern auch auf eine gepflegte äußere Erscheinung zu achten.

Über das Schuhwerk

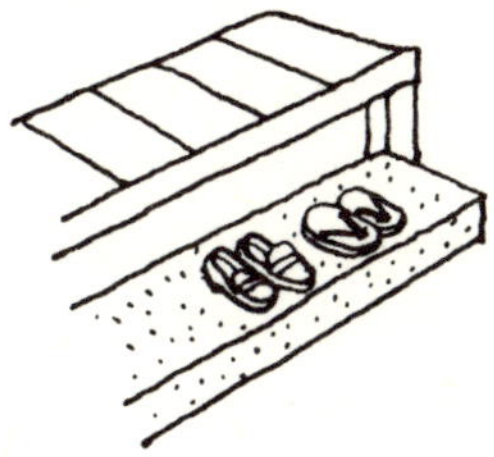

Vor dem Betreten eines Übungsraumes sollten die Schüler ihre Schuhe an einen eigens dafür bestimmten Platz hinstellen. Wenn es keinen besonderen Platz für die Schuhe gibt, sollten sie sie wie in nebenstehender Zeichnung abstellen. So können sie sie einfach und schnell wieder anziehen, wenn sie das *dôjô* verlassen. Das ist die richtige Etikette.

Früher galt es bei den japanischen Samurai als eine Schande, in einem Notfall barfuß und in völliger Verwirrung loszustürzen. Wenn man die Schuhe auszieht, hat man genügend Zeit, sie so hinzustellen, daß man sie blitzschnell wieder anziehen kann. Dies war für einen Samurai eine sehr wichtige Übung, denn es galt als ein Zeichen dafür, daß er geistig ständig auf einen Einsatz vorbereitet war. Wenn man geistig vorbereitet ist, gerät man in keiner Situation aus der Fassung .

Betrachten Sie das Ordnen der Schuhe nicht als etwas Triviales, mit dem man seine Zeit vergeudet. Ständig wachsam zu sein und auch den kleinsten Dingen des Alltags seine Aufmerksamkeit zu schenken, ist eine Übung für den Geist. Wer insbesondere auf seine Schuhe achtet, achtet auch auf seine Schritte. Wenn man sich im Einen Punkt sammelt und den Geist ruhig hält, achtet man auch auf seine Schritte. Wenn man dagegen aufgeregt ist, so lenkt man seinen Blick nicht mehr auf die Schritte, stößt sich an allen möglichen Dingen und Problemen und fällt hin.

Die folgende Geschichte stammt aus einem *dôjô* in Higashikurume in Tôkyô. Die Eltern eines Schülers kamen eines Tages ins *dôjô*, um ihrem siebenjährigen Sohn beim Shin-Shin-Tôitsu-Aikidô zuzusehen.

Beim Betreten der Halle fielen ihnen etwa 20 Schuhe und Sandalen auf, die alle ordentlich in einer Reihe nebeneinander standen. Der Vater fragte mich, wer diese Schuhe so ordentlich hingestellt habe. Ich antwortete, daß jedes Kind seine eigenen Schuhe beim Ausziehen so hinstellen würde. Daraufhin besprachen die Eltern etwas miteinander. Dann kam der Vater wieder auf mich zu und sagte: „Na, jetzt weiß ich, was los ist! Ich habe nämlich vor kurzem bemerkt, daß bei uns zu Hause jetzt sämtliche Schuhe immer an ihrem richtigen Platz stehen. Sogar die Toilettenschuhe stehen ordentlich nebeneinander. Ich dachte die ganze Zeit, meine Frau würde das machen, aber jetzt sehe ich, daß es nicht so ist. Es muß unser Sohn gewesen sein! Er hat uns nie etwas davon gesagt."

Die Eltern dieses Jungen haben diese Geschichte ihren Freunden erzählt, woraufhin viele Kinder zum Aikidô-Unterricht angemeldet wurden.

GLOSSAR

CHÔYAKU-UNDÔ: Übung, bei der man beim Ausführen einer Bewegung springt

FUNEKÔGI: Ruderbewegung

HANMI: Grundstellung, in der das rechte oder das linke Bein vorn steht und das Körpergewicht auf beiden Füßen gleichmäßig verteilt ist

HAPPÔ: acht Richtungen

IKKYÔ: die grundlegendste Aikidôtechnik, bei der der Arm des Gegners festgehalten wird

IRIMI: die Methode, mit der man ohne Kollision das Ki des Angreifers führt, indem man bei der Technik direkt in die Angriffslinie hineingeht (vgl. TENKAN)

IRIMI-ATE: Irimi-Stoß

KAITEN-NAGE: Drehwurf, bei dem der Angreifer sich einmal in sich selbst dreht, bevor er nach unten geführt wird

KANSETSU-WAZA: Techniken an den Gelenken

KATA-TORI: Angriff durch Fassen der Schulter

KATATE-TORI: Angriff durch Fassen des Arms oder des Handgelenks

KÔHÔ-TENTÔ: nach hinten rollen

KOKYÛ-NAGE: der Wurf, bei dem der Gegner durch Ausnutzen seines eigenen Bewegungsmoments und des Timings von Geist und Körper geworfen wird, ohne jedoch irgendwelchen Druck auf die Gelenke auszuüben

KOTE-GAESHI: Beugung des Handgelenks

KUBI-SHIME: Würgegriff

MA-AI: der richtige räumliche und zeitliche Abstand zwischen zwei Personen

MUNE-TSUKI: Angriff durch Stoß zum Brustkorb

RYÔKATA-TORI: Angriff durch Fassen beider Schultern

SAYÛ: Bewegung nach rechts und links

SEIZA: mit geradem Rücken auf den Fersen sitzen

SHIHÔ-NAGE: „Vier-Richtungs-Wurf", eine der grundlegenden Aikidô-Techniken

Shômen-uchi: Angriff mit einem Schlag zum Kopf

Tekubi-kôsa: Handgelenke in gekreuzter Position

Tenkan: die Methode, aus der Angriffslinie herauszugehen, während man gleichzeitig das Ki des Angreifers in eine neue Richtung lenkt (vgl. Irimi)

Ude-furi: das Schwingen der Arme

Undô: Übung, Bewegung

Ushiro-kata-tori: Angriff von hinten und Fassen beider Schultern

Ushiro-tori: Angriff durch Umklammerung von hinten

Yokomen-uchi: Angriff durch seitlichen Schlag auf Gesicht oder Hals

Zempô-kaiten: nach vorn rollen

Zengô: Bewegung nach vorn und hinten

Adressen

Seit 1983 besteht die Möglichkeit, im Haupt-Dôjô in Tôkyô eine zweijährige Ausbildung zur Ki- und Aikidolehrer zu absolvieren. Ausbildungsbeginn ist jeweils im April nach einem Aufnahmetest im März. Voraussetzung sind gute englische Sprachkenntnisse.

Wenden Sie sich bei Interesse direkt an:

Ki-no-Kenkyûkai H.Q.
Ushigome Heim No. 101, 2-30 Haramachi,
Shinjuku-ku,
Tôkyô 162.
Tel. 03-353-3461/3462

In einigen Städten im deutschsprachigen Raum bestehen bereits Übungszentren für Ki und Shin-Shin-Tôitsu-Aikidô. Gegen Rückporto sendet Ihnen der Verlag gern eine Liste der aktuellen Adressen und ggf. der nächsten Lehrgangstermine. Verlangen Sie auch unser vollständiges Verlags- und Versandprogramm mit weiteren Werken von Kôichi Tôhei.

Werner Kristkeitz Verlag • Löbingsgasse 17 • D-69121 Heidelberg